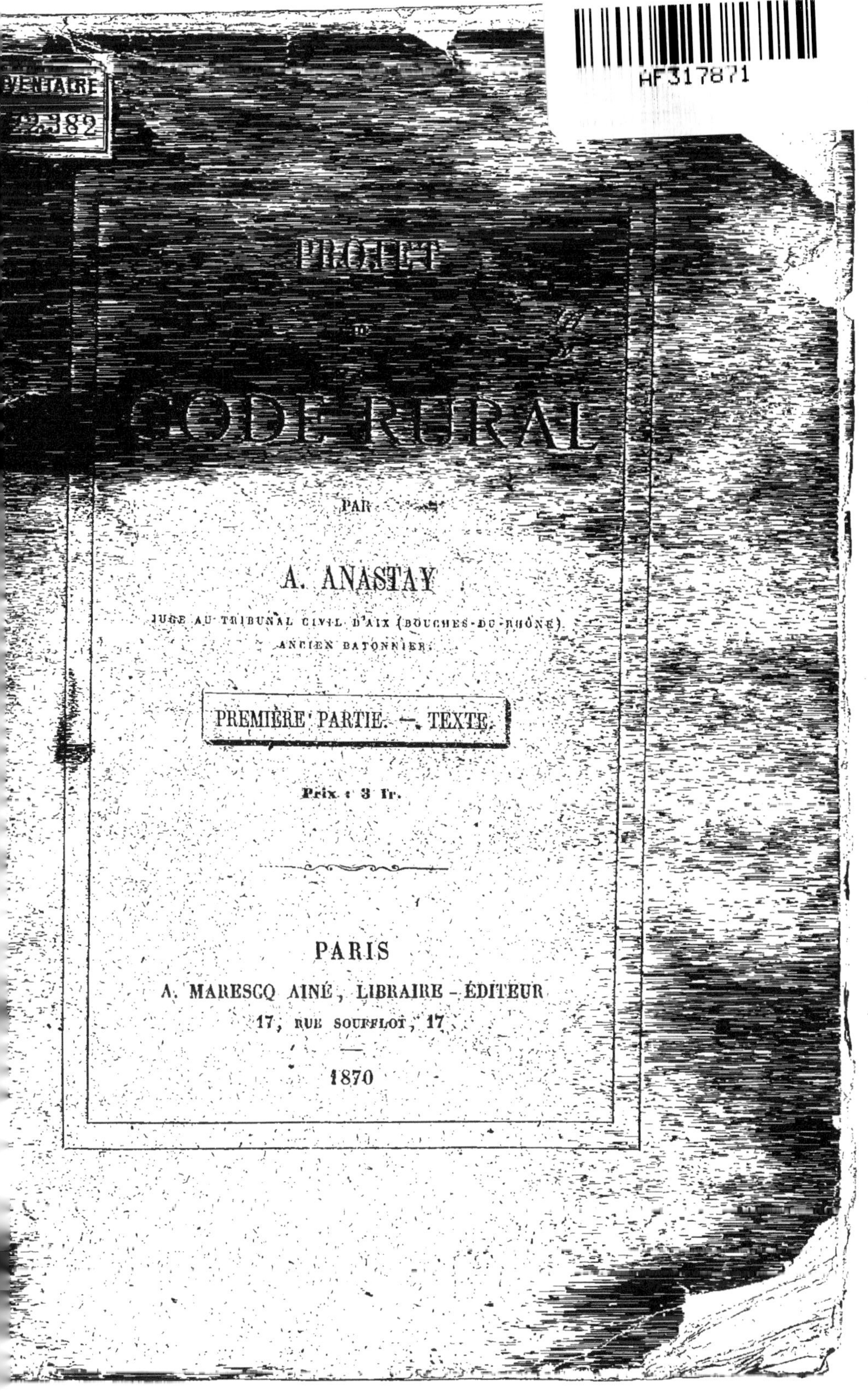

PROJET
DE
CODE RURAL

PAR

A. ANASTAY

JUGE AU TRIBUNAL CIVIL D'AIX (BOUCHES-DU-RHÔNE)
ANCIEN BÂTONNIER

PREMIÈRE PARTIE. — TEXTE.

Prix : 3 fr.

PARIS

A. MARESCQ AINÉ, LIBRAIRE — ÉDITEUR

17, RUE SOUFFLOT, 17

1870

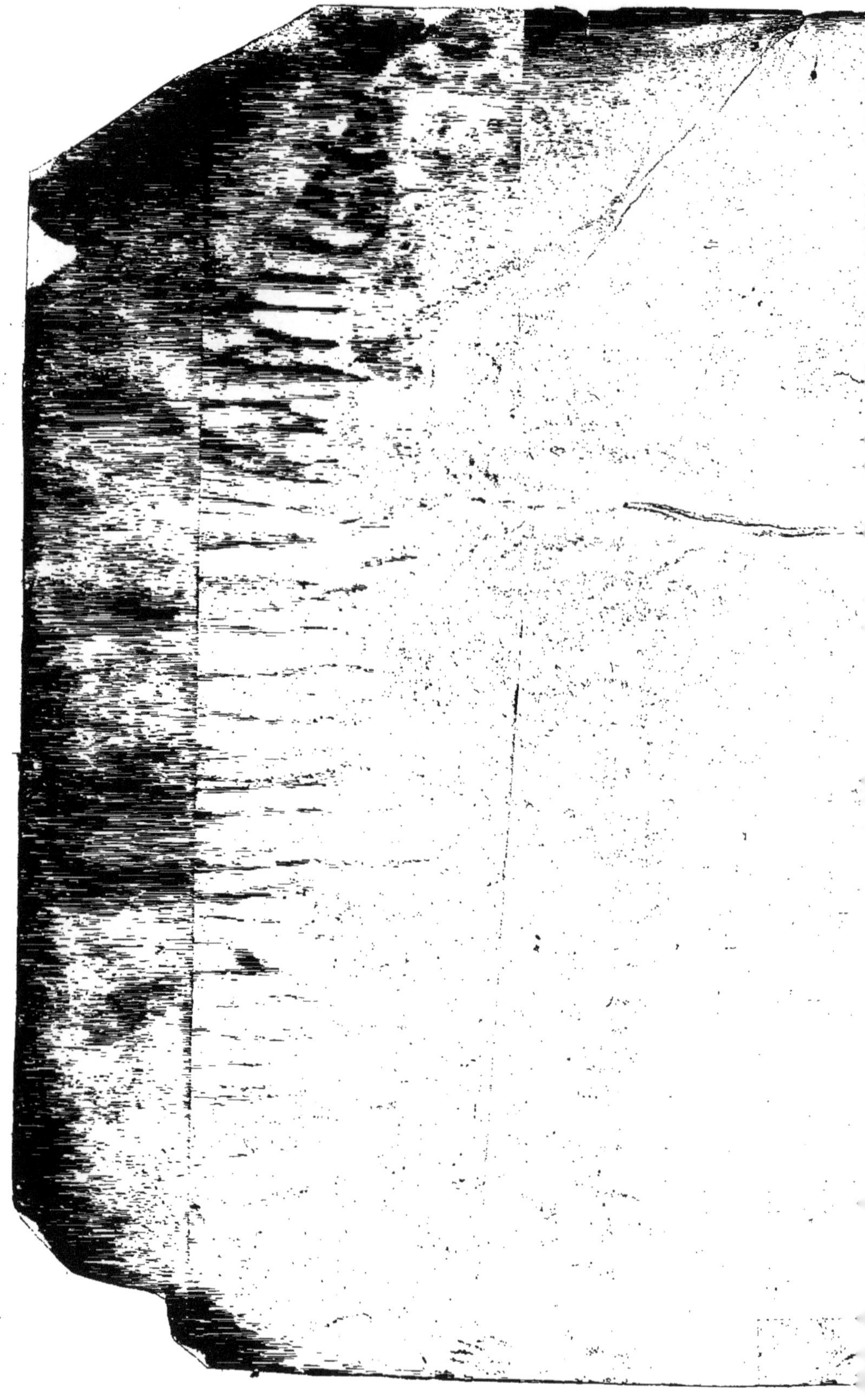

PROJET

DE

CODE RURAL

PAR

A. ANASTAY

JUGE AU TRIBUNAL CIVIL D'AIX (BOUCHES-DU-RHÔNE)
ANCIEN BATONNIER.

PREMIÈRE PARTIE. — TEXTE.

Prix : 3 fr.

PARIS

A MARESCQ AINÉ, LIBRAIRE - ÉDITEUR

17, RUE SOUFFLOT, 17

1870

AIX. IMPRIMERIE DE J. NICOT,
COURS N° 55.

À M. ROULAND,

SÉNATEUR,

À M. BOURNAT,

DÉPUTÉ-SECRÉTAIRE AU CORPS LÉGISLATIF.

MESSIEURS,

Je vous prie d'accepter la dédicace de mon Projet sur le Code Rural, de le prendre sous votre patronage auprès de nos législateurs. Il est le résultat de vos encouragements.

Je suis votre très-dévoué serviteur,

ANASTAY.

Depuis 1790, on s'occupe en France d'un Code sur la propriété rurale. Ce Code, esquissé dans la loi très-incomplète du 6 octobre 1791, a été depuis l'objet d'études incessantes. Il est l'un des codes les plus importants de notre législation. Toutes les administrations compétentes ont été consultées, il a donné lieu à des travaux particuliers nombreux.

Nous avions, dans notre pratique de trente ans comme avocat, tourné nos efforts vers cette spécialité. Propriétaire, avocat et magistrat, nous avons eu constamment l'occasion d'acquérir quelque expérience sur ces matières; nous l'avons peu à peu codifiée et nous venons l'offrir à notre pays, persuadé que nous sommes depuis longtemps, que le CODE RURAL sera l'une des œuvres les plus utiles du XIXe siècle.

Nous serons satisfait, si nous avons apporté à cette grande œuvre, un contingent quelconque.

Lourmarin, octobre 1867.

TABLE DES MATIÈRES

SUIVANT LEUR ORDRE.

EXPLICATIONS.

Les parties en *italiques* sont extraites des lois déjà promulguées, que nous avons introduites dans notre Projet.

Les chiffres arabes du texte indiquent des renvois ou des *références* entre les articles du Projet.

La partie en petit texte qui suit un article renvoie aux documents à comparer avec notre texte.

Abréviations.

L.	Loi.	C. de Com.	Code de Commerce.
D.	Décret.	C. I. C.	Code d'Instruction Criminelle.
O.	Ordonnance.		
D. R.	Décret Réglementaire sur l'exécution du Code Rural.	C. P.	Code Pénal.
		C. R.	Code Rural.
		C. F.	Code Forestier.
C. N.	Code Napoléon.	D. P.	Dalloz Périodique.
C. C.	Code Civil.	S.	Sirey.
C. P. C.	Code de Procédure Civile.	J. P.	Journal du Palais.
		V.	Voir.

INTRODUCTION

Il n'y a plus à démontrer l'utilité d'un Code rural, la loi de 1791 est devenue insuffisante ; soixante ans d'efforts ont justifié la nécessité et la difficulté de cette œuvre. L'enquête agricole, les mesures prises par l'Empereur, en ont fait l'un des besoins du moment ; jamais entreprise ne fut plus désirée.

L'agriculture, dans ses souffrances, s'adresse à tous les remèdes pour la soulager ; elle trouvera dans le Code rural des règles précises qui doivent fixer la propriété, dans son étendue et dans ses droits ; ces règles diminueront la lèpre des difficultés judiciaires (¹) elles donneront à la propriété rurale un crédit plus facile et plus large, une protection plus efficace, elles rétabliront les rapports de bon voisinage, altérés par l'incertitude des droits des propriétaires limitrophes.

---

(1) Il n'y a qu'à voir nos prétoires ruraux de justice de paix de plus en plus encombrés, pour justifier notre appréciation.

Que doit contenir le Code rural ?

Avant d'entrer dans les explications détaillées de notre projet, nous examinerons brièvement :

1° Si le Code rural doit contenir les dispositions des autres Codes, qui s'appliquent aux matières rurales ;

2° S'il doit renfermer les lois spéciales qui s'y rapportent ; quelles sont les autres parties du droit rural à y introduire ;

3° Dans quel ordre, il faut placer les matières ;

4° Quelles sont les lois rurales qu'il fallait éliminer de ce Code ;

5° Quelle est la sanction à lui donner, ou quelles 'sont les peines rurales qui correspondent à ses prescriptions coercitives ;

6° Quelles sont les conditions d'une bonne rédaction des lois.

Tel est le programme que nous nous sommes proposé, sur lequel nous devons fournir quelques indications préliminaires.

I.

Le Code civil contient les principes qui régissent la propriété en général ; le Code rural doit contenir ceux qui se rapportent, d'une manière plus spéciale, aux matières rurales. Il y en a peu qui soient absolument spéciaux aux matières rurales, si le Code rural ne devait renfermer que ceux-là, il serait bien incomplet et bien court, tandis que si l'on portait au Code civil toutes les matières mélangées, ce Code renfermerait à peu près tout.

Il faut donc accepter, dans un intérêt de classification, utile aux recherches et à l'homogénéité, que le Code rural contiendra tous les principes qui se rapporteront plus spécialement au droit rural, quoiqu'ils s'appliquent parfois à la propriété en général.

Dès lors, il s'agit tout d'abord, de bien distinguer les matières qui se rapportent d'une manière plus particulière au droit rural, et de les placer dans le Code rural.

Il y en a déjà un certain nombre dans le Code civil ; devra-t-on les porter dans le Code rural ? — Non, pour ce qui est des dispositions les plus générales, celles qui s'appliquent à toutes les propriétés ; — Oui, pour les dispositions qui ne sont relatives qu'aux matières rurales. Ainsi les servitudes rurales, les baux à ferme ; elles appartiennent exclusivement au droit rural, elles doivent être placées dans le Code rural.

Oui encore, pour celles qui sont plus particulières à l'agriculture, les plantations, les clôtures.

Il y a aussi, dans les lois spéciales, promulguées depuis le Code Napoléon, un certain nombre de principes qui appartiennent au droit rural ; ne faut-il pas les joindre au Code rural ?

Oui naturellement, pour les lois spéciales au droit rural, — les servitudes d'irrigation, le drainage, les associations syndicales, etc. ;

Oui encore, pour les dispositions qui, étant générales,

s'appliquent plus particulièrement à la propriété rurale.

Non, pour celles qui régissent la propriété en général, la propriété rurale autant mais pas plus que les autres.

Voilà la première classification que nous ayons adoptée celle qui nous a paru la plus rationnelle.

Maintenant, faut-il détacher du Code civil, les dispositions les plus spéciales au droit rural, par exemple, les accessions immobilières, les alluvions, y faire ainsi une lacune? — Nous ne l'avons pas pensé, nous avons cru qu'il fallait laisser le Code civil tel qu'il est pour les titres qui sont complets, mais répéter au Code rural les articles qui doivent y entrer avec leurs nouveaux développements, ainsi pour le bornage, sauf au jour de la révision du Code civil, d'en faire sortir les dispositions rurales qui ne doivent plus lui appartenir, pour les laisser dans le Code rural. Nous en avons complété quelques-unes.

Quant aux lois générales postérieures au Code civil, qui se lient étroitement au Code rural, nous les y introduisons en entier, par exemple, les vices rédhibitoires, l'irrigation ; nous les avons modifiées quelque peu, sur les points qui nous ont paru susceptibles d'amélioration. Il y avait avantage, car elles allaient faire partie d'un Code, avec lequel ces lois spéciales devaient faire un seul corps ; il n'y avait aucun inconvénient, car, en matière de législation, lorsque on touche à une loi, il faut la perfectionner quand on le peut, en s'éclairant de l'expérience faite sur la loi.

Il y a, en outre, des matières qui dépendent essentiellement du droit rural et qui ne sont pas encore réglées, telles que *le cadastre*, ou qui le sont insuffisamment, *les gardes-champêtres*, ou dont les parties sont disséminées dans les lois diverses, par exemple, *les cours d'eau*. Elles doivent prendre une place entière dans le Code rural auquel elles appartiennent.

Le cadastre, sans doute, doit comprendre toutes les propriétés, leur servir de règle ; mais il est vrai de dire aussi, qu'il a surtout de l'utilité pour la propriété rurale. Il devrait être la base principale de cette propriété. Dans les villes, dans les villages même, les questions de limites sont rares ; elles sont très-fréquentes pour les champs, parce que là, la ligne divisoire est presque toujours variable. Le cadastre devra donc constituer principalement la propriété rurale.

Renvoyer l'établissement d'un cadastre légal à une loi spéciale, à une organisation particulière, séparée, c'est enlever au Code rural sa première base, car avant de régler le mouvement de la propriété rurale, il faut en déterminer l'assiette ; il faut couper court à ce mal contagieux de l'incertitude des limites qui donne lieu à tant de procès.

Selon nous, il est impossible de faire un Code rural, sans s'occuper, en première ligne, de la détermination, de la fixité de la propriété rurale. Nous avons pu juger de la difficulté de faire ce titre du Code rural, mais elle n'est pas insurmontable ; la renvoyer, n'est pas la résoudre. Mieux vaudrait avoir sur ce point une loi imparfaite, que de ne pas en avoir ; le cadastre est le premier besoin, la première loi de la propriété rurale.

Mais, nous a-t-on dit, en réglementant une matière rurale qui s'applique aussi à d'autres propriétés, allez-vous aussi régler ces autres propriétés, et pourquoi dans un Code rural, faire une loi applicable à d'autres propriétés que les champs ? Nous l'avons dit : pour nous, la règle c'est que le caractère dominant d'une loi détermine sa place, et de même que l'on trouve au Code forestier un article 182 qui contient un principe général au droit, au Code d'instruction criminelle tout ce qui est relatif aux gardes-forestiers et aux gardes-champêtres, et au Code civil ce qui est relatif à des matières commerciales, les voituriers, de même dans le Code rural on doit trouver tout ce qui, se rapportant aux objets essentiellement ou principalement ruraux, se trouvera aussi réglé pour d'autres objets non ruraux.

Il faut qu'il en soit ainsi, car où placer ces matières mixtes, si ce n'est au lieu où elles ont le plus souvent leur application ?

Il est à désirer que l'on procède à une révision générale de tous nos Codes, pour en faire une nouvelle classification, un nouveau rangement de matières, et du tout un grand Code qui portera justement le titre général de CODE NAPOLÉON, après que l'on y aura ajouté le Code administratif et celui de l'industrie, dont on sent depuis longtemps le besoin, qui en seront le complément. La révision des Codes qui doit nous donner une législation complète sera la gloire d'un règne, comme le Code de l'époque justinienne.

Dans chacune des parties de ce Code général, on placera tout ce qui se rapporte à la matière principale qu'il doit contenir. Ainsi, pourquoi aller chercher dans le Code civil les baux à ferme, les alluvions qui ne se rapportent qu'à la propriété rurale, les voituriers qui dépendent du droit commercial. Il faut rendre à chaque Code ce qui lui revient.

Quant aux matières mixtes, il est naturel, logique, de les ranger dans le Code auquel elles appartiennent le plus, non dans celui de l'exception.

Cette nouvelle codification, aura l'avantage de rendre les recherches plus faciles, de donner un Code complet à chaque classe de citoyens, à chaque profession, de lier plus étroitement entre elles les matières d'un même droit.

II.

Resteront les lois spéciales. — Nous sommes le contempteur déclaré des lois spéciales séparées.

Elles ont un double et grave inconvénient. Leur recherche est plus difficile ; elles ne s'harmonisent jamais parfaitement avec les Codes généraux ; elles constituent des exceptions trop nombreuses à la loi générale.

Ainsi, la loi sur la chasse, celle sur les brevets, contiennent des principes relatifs au droit de propriété que l'on devrait trouver, pour la première, dans le Code rural, pour la seconde, dans le Code civil, ou mieux dans le Code de l'industrie et des manufactures ; elles contiennent une procédure spéciale pour l'obtention des permis de chasse, et des brevets, que l'on devrait trouver au Code administratif ; elles contiennent des peines correctionnelles qui auraient leur place naturelle dans le Code pénal : elles contiennent même une procédure particulière pour la constatation et la poursuite du délit, que le Code d'instruction criminelle devrait régler. Pourquoi ne pas adopter une règle générale pour ces matières comme pour les autres ? Ne comprend-on pas quelle surcharge on impose à ceux qui veulent observer la loi, ou à ceux qui ont à l'appliquer, pour faire la différence de ces cas particuliers avec les cas ordinaires ? Pourquoi ne pas faire une règle générale seule, embrassant tous les cas, au besoin indiquant une mesure particulière, nécessaire au cas particulier, de manière à trouver l'exception à côté de la règle. Aussi que de difficultés, dans la pratique, pour trouver la règle spéciale, pour mettre d'accord la loi spéciale avec la loi générale.

La meilleure loi est celle qui devient la loi commune, celle qui comprend le plus grand nombre de cas, celle à laquelle il est fait le moins d'exception.

Autre inconvénient de la loi spéciale. Je prends deux exemples, entre mille : c'est par l'exemple surtout que l'on démontre une vérité d'application.

La loi du 29 avril 1845, qui a d'ailleurs produit les meilleurs résultats, donne à tout propriétaire d'une eau naturelle ou artificielle, le droit de traverser ses voisins, à l'effet de se servir de cette eau pour l'irrigation de son fonds inférieur. Cette loi ne s'est préoccupée que de l'irrigation des propriétés, en sorte que le même droit n'est pas accordé à celui qui voudrait faire mouvoir inférieurement une usine agricole, un moulin à farine, un foulon à gerbes.

Évidemment c'est une lacune, car la mise en mouvement d'une usine agricole qui sert le plus souvent à toute une contrée, qui est de première nécessité parfois, est autrement utile que l'irrigation de quelques ares de terrain.

Cette lacune n'aurait pas existé si, au lieu de faire une loi spéciale sur l'irrigation, on eût discuté un Code rural contenant aussi tout ce qui peut se rapporter aux usines agricoles.

Deuxième exemple. L'article 4 de cette loi de 1845, renvoie devant les tribunaux toutes les contestations relatives à la servitude d'irrigation : établissement et conditions de la servitude, fixation du parcours et de l'indemnité. Comme il s'agit toujours d'un litige indéterminé, c'est devant le tribunal de première instance, en appel devant la Cour, que ces contestations doivent être portées ; cet article 4 dit en effet, qu'elles seront jugées comme en matière sommaire, ce qui ne peut s'entendre que des tribunaux de première instance.

En 1854, vient la loi sur le drainage ; elle autorise les associations de propriétaires à faire du drainage, afin de faciliter de grands travaux d'assainissement de terres, ce que la loi de 1845 n'avait pas fait ; il faut également fixer les conditions de la servitude, le parcours, l'indemnité ; elle le fait dans les mêmes termes que la loi de 1845, mais c'est devant le juge de paix en premier ressort, devant le tribunal en appel, que se videront toutes les contestations relatives à la servitude d'assèchement et d'écoulement; en sorte que s'il s'agit d'une servitude d'irrigation au moyen d'une source fouillée, ce sera une juridiction, s'il s'agit au contraire, de l'écoulement de ces eaux souterraines, recueillies dans un double intérêt, fût-ce pour tout une contrée, ce sera une juridiction inférieure.

Mais voici qui est plus inconséquent encore. La loi du 21 juin 1865 sur les associations syndicales, autorise ces associations pour les travaux *d'irrigation*. L'article 19 dispose, que pour l'établissement des servitudes rurales dans l'intérêt de l'association, les contestations seront jugées conformément à la loi de 1854, c'est-à-dire par le juge de paix, et dans la discussion de cet article il fut bien expliqué, que dans ces servitudes se trouvait celle de la loi de 1845 ; de telle manière qu'à cette heure, si un simple particulier demande à traverser son voisin pour l'irrigation de sa propriété, ce sera le tribunal qui sera compétent pour juger toutes les difficultés qui s'élèveront ; si c'est au contraire, une association de propriétaires, ce sera le juge de paix.

Voilà l'un des inconvénients graves des lois séparées, sur des matières de même nature.

Ces deux exemples suffisent à démontrer la nécessité d'une législation uniforme sur une même matière.

III.

La division la plus satisfaisante du Code rural était difficile à trouver. La loi de 1791 l'avait divisé en deux parties : la propriété rurale, la police rurale. Il n'y a dans cette loi, qu'un seul article consacré à la partie importante des eaux, l'article 4, qui a été abrogé par les articles 538 et 644 du Code civil.

Ce qui est relatif aux eaux avait été ultérieurement réglé, notamment par la loi du 19 ventôse an VI, par celle du 14 floréal an XI, par les articles 640 et suivants du Code civil. On sait quelles difficultés ont soulevées les lois sur la législation des eaux ; plus que toute autre cette matière avait besoin d'une codification, le projet du Code rural de 1808 y avait consacré un certain nombre d'articles.

Le Code rural devait donc comprendre les eaux d'une manière complète ; c'était une troisième partie à ajouter à la loi de 1791.

Le projet de la commission impériale de 1808, avait adopté une autre division ; il avait réglé la propriété rurale par rapport au propriétaire, par rapport aux propriétaires entre eux, par rapport à l'État ; cette troisième partie contenait la police rurale. Cette division tripartite était assez nette.

Le projet de M. de Verneilh en 1814, divise le Code rural en deux parties : la propriété rurale et la police rurale, il contient 960 articles et un grand nombre de matières plus ou moins étrangères au Code rural.

Plusieurs projets individuels de Code rural, ont pris une autre division plus ou moins arbitraire, se rapprochant plus ou moins de ces premières ; d'autres n'ont pas fait de division générale, ils ont classé les matières rurales par éléments : terres, eaux, bois, animaux, etc.

Le remarquable rapport de 1854 au sénat, est revenu à la division de 1791, en y ajoutant le régime des eaux.

Le conseil d'État a suivi cette division.

Elle nous a paru présenter un inconvénient notable.

Il y a, dans les matières rurales, plusieurs titres *mixtes*, qui dépendent également du régime du sol et du régime des eaux ; ainsi, les associations syndicales, les arrêtés réglementaires sur les champs, les clôtures; d'autres titres qui dépendent aussi plus ou moins également du sol et des eaux, tel *le drainage* qui en assainissant le sol donne de l'eau, telles *les défenses protectrices contre les cours d'eau*, etc. Que faire de ces titres mixtes? Si on les place dans le régime du sol, on pourra les chercher au livre des *Eaux*, lorsqu'il s'agit d'une question d'eau, et réciproquement.

Il nous a semblé plus logique, pour l'ordre des temps comme pour l'ordre des matières, d'établir une autre division.

1er LIVRE. Constituer la propriété rurale, placer dans ce premier livre ce qui se rapporte à cet ordre d'idées : — ce qu'elle est, ses attributs, ses dépendances ; — les servitudes qui s'y rattachent, telles que le passage pour l'irrigation, le drainage, les animaux, en un mot tout ce qui en est l'accessoire ; — les moyens de la fixer invariablement, le livre terrier, les clôtures.

2e LIVRE. Exercice du droit de propriété rurale, dans toutes ses ramifications, sous toutes ses faces ; les baux, le louage des ouvriers ruraux, l'usage des eaux.

3e LIVRE. Réglementation, protection, crédit et défense de la propriété rurale.

La division d'une œuvre doit se proposer deux buts :

1° Lier logiquement les matières, en sorte que l'on aille naturellement de la première assise à la seconde qui s'appuie sur la première, à la troisième, ainsi de suite; 2° faciliter la recherche des questions à résoudre, par un ordre naturel, clair, aussi précis que possible dans le sommaire des titres.

Notre division paraît mieux se prêter à ce double but, car il est plus facile de distinguer ce qui se réfère à la constitution même de la propriété, de ce qui a pour objet son exercice, ou sa défense; il n'y a pas ici le mélange reproché à la précédente division.

Nous avons donc maintenu cette division, sans y attacher toutefois une trop grande importance.

Passant ensuite à la division des livres en titres et chapitres, nous avons distribué avec le plus de soin possible tous les textes, pour les grouper sous l'intitulé qui leur convenait.

Sur ce point, il y a bien quelque difficulté, lorsqu'il s'agit d'un texte en quelque sorte mixte aussi, mais la difficulté est aplanie par des références placées sous chacun des articles qui se rapportent à plusieurs objets; il suffit de les placer dans le titre avec lequel ils ont le plus d'adhérence; on les retrouve facilement, en consultant le caractère qui les domine.

Enfin, il a fallu faire la classification par articles.

Ici, nous nous sommes écarté de la règle assez généralement suivie, qui coupe les articles un peu d'après leur longueur.

Nous avons considéré un article comme devant contenir tout ce qui se rapporte à un principe général ou de détail, et divisant cet article par alinéas, chacun d'eux renfermera l'une des parties, l'un des similaires, l'une des conséquences de ce principe, de manière que chacun de nos articles constitue une portion entière dans un grand tout.

La citation du paragraphe de l'article par 1ᵉʳ, 2ᵉ, suffira dans la pratique, pour indiquer la partie de l'article ou du principe que l'on invoquera.

Cette division nous a paru encore la plus rationnelle.

IV.

Nous avons éliminé du Code rural, les matières qui n'en dépendaient pas absolument ou principalement, celles qui ne devaient plus en faire partie, par des motifs que nous allons déduire rapidement en les parcourant.

Ce sont, notamment :

1° Le droit de propriété et ses afférents, l'accession, l'attérissement, l'alluvion, lesquels sont traités d'une manière générale et complète, dans les articles 544 et suivants du Code civil.

Il nous a semblé superflu de placer ces principes dans le Code rural actuellement, quoiqu'ils se rapportent particulièrement à la propriété rurale, parce que ç'aurait été une superfétation inutile.

Il en sera ainsi, par la même raison, de tout ce qui est entièrement réglé par le Code civil.

2° L'expropriation pour cause d'utilité publique, qui appartient plutôt aux matières administratives et devra être placée plus tard dans le Code administratif ; ce sont la loi de 1841 sur les grands travaux publics, celle de 1836 sur les chemins vicinaux.

Nous avons introduit, pour l'expropriation rurale, un principe nouveau : la fixation de l'indemnité par la justice ordinaire, au moyen d'une expertise contradictoire.

C'était à peu près, le mode prescrit par la loi du 16 septembre 1807 ; après l'expérience faite depuis les lois de 1836 et de 1841, que nous avons vues fonctionner de près, nous sommes convaincu que notre principe est préférable, qu'il donnera des résultats plus justes.

3° Les bans de moisson, de fenaison et de vendange ; ils sont tombés en désuétude à peu près partout, ils disparaissent, parcequ'ils jurent avec nos idées de liberté et de progrès.

4° Des droits de glanage, de grapillage, de râtelage, de chaumage, qui étaient autorisés par la loi de 1791 et que l'usage tolère presque partout ; ils doivent être supprimées comme contraires au droit de propriété, sauf au propriétaire à continuer à les tolérer par humanité.

Il était impossible de les maintenir, aussi par la raison que les règles en étaient arbitraires et variables quant à l'époque, la durée, la catégorie des personnes qui pourraient s'y livrer, les conditions ; une bonne législation ne peut pas admettre un droit aussi irrégulier.

5° Les lois des 28 juillet 1860 et 8 juin 1864, sur le reboisement et le gazonnement des montagnes, qui s'appliquent à des terrains non boisés sans doute, mais qui le deviendront. Ces deux lois devront être placées dans le Code forestier lorsqu'il sera révisé.

6° La défense de couper les grains en vert édictée par

la loi du 6 messidor an III et maintenue par diverses lois postérieures. Elle est tombée en désuétude, elle n'est plus appliquée, elle n'a pourtant jamais été abrogée formellement, elle semble même tirer une certaine force de l'article 626 du Code de procédure civile; aussi il est très-contesté que cette loi, quoique née de circonstances qui ont heureusement disparu, soit encore en vigueur. Il faut l'abroger, laisser le propriétaire entièrement libre de disposer de sa récolte, la veille comme le lendemain de la coupe de cette récolte, lui permettre de céder une de ses récoltes en détail et par avance, comme il peut le faire en bloc lorsqu'il perçoit d'avance un fermage.

7° L'article 1er de la section 2, du Code rural de 1791, obligeait ceux qui étaient chargés d'arrêter un gardien ou un conducteur de bestiaux, à pourvoir à leur sûreté. Cette disposition ne peut pas être reproduite en présence de notre Code d'instruction criminelle; elle est devenue inutile, une arrestation ne peut être ordonnée aujourd'hui que par la justice, exécutée par ses agens. C'est dans les règles propres à l'exercice de ce pouvoir, dans la responsabilité des agens, que l'on trouve les garanties de conservation de ces bestiaux.

8° Il en sera de même des lois d'exception sur l'accaparement des grains, l'approvisionnement des marchés, la disette, lois qui ont cessé devant l'amélioration des terres, l'affranchissement et la liberté des transactions, plus que jamais devant les principes du libre-échange. Toutes ces lois prohibitives et d'autres encore, doivent être abrogées.

Cette abrogation doit-elle être générale et implicite, ou énonciative et formelle ? C'est une question que nous avons résolue dans l'article 428 de notre projet en prononçant par une formule explicite et absolue, l'abrogation de tout ce qui peut être contraire, directement ou indirectement, au texte actuel. Cela suffit-il pour les textes de législation passés sous silence dans le Code rural ? — On ne peut pas dire que ces texte soient contraires au Code nouveau ; ne faudrait-il pas, alors, indiquer par leur date, les lois qui sont atteintes par la nouvelle législation ?

D'autre part, énoncer en détail ces lois abrogées, c'est entreprendre un travail impossible, car il y a telle disposition d'une loi, qui ne doit pas être abrogée avec cette loi, telle autre disposition qui se trouve au milieu d'un article, lequel serait à remanier ; — c'est s'exposer à des omissions ; — c'est soulever fréquemment la question de savoir si la partie de ces lois qui n'est pas exclusivement rurale, est ou n'est pas abrogée.

Dans cette alternative, il nous a paru que le mieux était, de répéter la formule générale en la rendant aussi absolue que possible, de laisser subsister cet inconvénient incurable dans le Code rural, comme il existe d'ailleurs dans toutes les lois nouvelles, de n'abroger les lois anciennes qu'en ce qu'elles peuvent avoir de contraire au Code rural.

V.

La promulgation du Code rural rend indispensable des

lois pénales, coercitives, ou répressives des infractions aux prescriptions de cette législation particulière. Elle donne lieu à la sanction de ces prescriptions, dans ce que nous avons appelé *la police rurale*.

Le Code pénal de 1810, qui n'avait devant lui que la loi rurale de 1791, a édicté quelques-unes des peines confirmatives de cette loi, il en a oublié quelques autres ; la jurisprudence a décidé qu'elles étaient encore en vigueur.

Les matières nouvelles du droit rural, manquent pour la plupart de ces lois pénales coercitives. Celles qui sont à faire à nouveau exigent aussi une sanction.

Aujourd'hui, il faut compléter cette partie importante du droit rural. C'est ce que nous avons essayé de faire, soit en modifiant quelques-uns des articles du Code pénal, soit en y ajoutant quelques nouvelles dispositions, qui répondent au cadre que nous nous étions tracé. Nous les justifierons dans les motifs de notre projet.

Plus que jamais il est démontré ici, que le Code pénal devra être révisé. Il doit contenir toutes les lois pénales, former un corps à part et être complet, car si l'on en distrait les peines rurales, il faut aussi en distraire les peines en matière de commerce, etc., éparpiller ainsi dans nos diverses lois, tout ce qui leur sert de sanction. Cela ne saurait être ; le Code pénal doit tout renfermer, afin de retrouver plus facilement chaque pénalité et de les comparer entre elles. Si, actuellement, pour faire un Code rural complet, il est nécessaire d'y joindre les peines rurales, qu'il soit bien expliqué que, lors de la révision du Code pénal, il est à désirer qu'elle soit prochaine, ces peines iront prendre leur place dans ce Code, suivant l'ordre correspondant aux matières de ce Code ; c'est ce que nous avons cherché à préparer, par la division de nos articles sur ce point.

VI.

La loi doit être claire, laconique. Elle ne doit poser que des principes, et si parfois elle donne des exemples, c'est pour mieux expliquer le principe. C'est au juge à rechercher le principe qui s'applique à chaque fait. Voilà, la première condition d'une bonne législation. Nous avons mis tous nos soins à remplir cette condition ; c'est en comparant nos textes entre eux, en les comparant à toutes les sources où nous avons puisé, que nous avons fixé, après bien longtemps, une rédaction définitive. Nous craignons encore, qu'elle ne réponde pas suffisamment à nos intentions et à notre labeur.

Lorsque le Code rural clairement rédigé, aura été promulgué, il serait d'une grande utilité d'en faire un Manuel explicatif, de le faire enseigner dans les Écoles primaires, aux classes supérieures de ces écoles. Il y a dans nos campagnes, sur ces matières, une foule d'idées fausses qui ont cours, une grande ignorance à dissiper. Ne sera-ce pas un bienfait de premier ordre, que d'apprendre à notre jeunesse agricole si nombreuse, les rudiments légaux de la première des professions, en même temps que l'on cherche avec grande raison, à lui inculquer les meilleures pratiques de cette profession ?

LIVRE PREMIER

DE LA PROPRIÉTÉ RURALE EN GÉNÉRAL.

1. Les biens ruraux restent placés sous l'empire des lois qui régissent la propriété, spécialement du Code Napoléon, sauf les modifications et compléments résultant des dispositions du présent Code.

Voir article premier du projet du conseil d'État de 1860.

TITRE Ier

PROPRIÉTÉ RURALE. — LIBERTÉ DE L'AGRICULTURE.

2. Chaque propriétaire est libre de cultiver, d'assoler, de planter ses champs, de faire ses récoltes, aux temps et saisons et par les moyens qui lui conviennent, de placer ses productions, d'en disposer comme bon lui semble.

Il peut avoir les bestiaux qu'il croit utiles à son exploitation ; il en dispose comme il l'entend, en se conformant sur le tout aux lois et règlements.

V. art. 544-552 C. N., art. 2, loi 6, oct. 1791.

3. Nul ne pourra cultiver du tabac ou faire des rizières, que conformément aux lois et arrêtés sur ces productions spéciales (368 § 11-422 n° 15, D. R. 1).

Sur le tabac. V. décret des 29 déc. 1810 et 12 janv. 1811. L. 28 avril 1816, art. 180 et suivants.

4. Tout propriétaire pourra pêcher dans les cours d'eau dépendant de sa propriété, ou chasser sur ses terres, en se conformant aux lois et arrêtés sur ces matières, excepté dans les cas prévus par les articles 87 du présent Code, (5, 86, 87, 368 § 9 et 10, 369 § 6, 409, 410, 412) 2 et 30 de la loi du 15 avril 1829.

V. art. 715 C. N.

5. Le propriétaire, l'emphytéote, ou l'usufruitier ont le droit de pêche et de chasse sur leurs possessions.

Le fermier, le créancier antichrésiste, l'usager, n'ont pas le droit de chasse ou de pêche, sauf le dommage qui leur serait occasionné.

En cas de bail, d'antichrèse ou d'usage, le propriétaire, l'emphytéote ou l'usufruitier, ne pourront pas céder ou permettre le droit à un autre, excepté au conjoint, aux ascendants ou descendants, au tuteur ou au pupille, sur le tout à moins de stipulation contraire (4, 368 § 9, 369 § 6, 402).

6. Les lois prohibitives sur les fouilles, mines, carrières et tourbières sont abrogées; chaque propriétaire a le droit de faire, sur ou sous le sol lui appartenant, des fouilles, mines, carrières, tourbières et toutes autres exploitations (428).

Sont maintenues les prescriptions de précaution et de

sûreté, et les dispositions relatives à la police et à la surveillance des mines (373).

7. Le droit de propriété s'étend à tout ce qui est l'accessoire, la dépendance d'une propriété rurale ; ainsi, le
fossé qui l'arrose ou qui reçoit ses eaux, le mur ou la rive
qui soutiennent un terrain, sont présumés appartenir au
propriétaire du terrain. Il est tenu de les rétablir lorsque le
fossé se détériore, lorsque le mur ou la rive tombent sur
le champ voisin, avec dommages-intérêts, s'il y a lieu.

Toute haie, muraille, rive ou fossé entre deux héritages, est présumé faire limite, s'il n'y a preuve du contraire.

8. Tout propriétaire a le droit d'abandonner sa propriété rurale, bois, terres vaines et vagues, étang ou marais,
s'ils sont francs de privilége et d'hypothèque, à l'effet d'être
déchargé de l'impôt et des cotes syndicales (225), moyennant une déclaration faite à la mairie de la situation.
Il lui en est donné récépissé par le maire qui fera dé-
charger le propriétaire, et porter la propriété à la cote de
la commune comme propriété communale.

La commune sera chargée de l'impôt et des cotes à
partir du 1er janvier qui suivra la déclaration, pourvu
qu'elle soit faite avant le 1er septembre précédent.

Les déclarations seront reçues sur un registre d'ordre,
signées du propriétaire, s'il sait signer, à défaut, d'un
conseiller municipal ou de deux témoins pour lui, affirmées
par le maire. Il ne sera perçu aucun droit d'enregistrement (588, D. R. 17).

La commune entrera en possession après la déclaration
(179).

V. art. 66. L. 3 frim., an VII.

TITRE II

—

DU BORNAGE

—

CHAPITRE Ier. — DE L'ABORNEMENT GÉNÉRAL.

9. Dans toute la France, il sera fait successivement, pour chaque commune, un livre terrier, composé d'un abornement et d'un cadastre, aux frais de l'État, des propriétaires, des communes et du département, dans la proportion qui sera réglée par le décret impérial sur l'exécution du Code rural (429, D. R. 2).

Ce terrier sera dressé par deux ingénieurs du cadastre, ayant prêté serment devant le tribunal de première instance. Ils procèderont en présence des parties, autant que possible, en prenant pour base de leurs opérations les titres de propriété, la possession, les cadastres antérieurs et autres documents probants.

10. L'opération du terrier, pour chaque commune, sera annoncée deux mois à l'avance, par un arrêté du préfet, lequel arrêté sera publié et affiché dans ladite commune et les communes limitrophes, à trois reprises, de quinze en quinze jours, avant le commencement des opérations.

Chaque propriétaire et possesseur ou leur représentant légal, sera, en outre, spécialement appelé par une sommation, faite à la diligence du maire par un garde-champêtre, indiquant le lieu, jour et heure de l'opération qui le concerne, huit jours avant qu'il y soit procédé, avec dé-

clarantion qu'il y sera procédé tant en absence qu'en
présence, le tout, conformément aux articles 68 et 69 du
Code de procédure civile. Les délais ordinaires des distances seront observés.

V. art. 40, C. F.

11. Le procès-verbal d'abornement général, sera dressé
en double minute. jour par jour, et signé par les agents
et les parties qui y auront concouru, leur mandataire ou
représentant légal, pour la portion qui les concerne ; il
contiendra leurs déclarations et consentement ; il fera
foi de tout son contenu comme un acte authentique.

Si la partie ne sait ou ne peut pas signer, le maire signera pour elle ; mention en sera faite, ainsi que de l'arrêté du préfet, des publications, sommation aux parties,
transport sur les lieux et détail des opérations, notamment
la longueur des lignes et l'ouverture des angles de chaque
parcelle, sa contenance et sa nature, les confronts, les
noms du propriétaire et du possesseur légal, les droits
réels y attachés, ceux qui grèvent chaque propriété.

12. Pendant les opérations, les ingénieurs du cadastre feront entre les parties limitrophes, sur leur limite
et avec leur consentement, des LIGNES DE COMPENSATION,
même avec soulte, d'après l'estimation de ces agents.

Le maire d'une commune, et en général les administrateurs dûment autorisés, la femme dotale avec l'assistance de son mari, le tuteur du mineur ou de l'interdit,
pourront consentir valablement à ces échanges, sous leur
responsabilité, jusqu'à concurrence d'une contenance égale
au vingtième de la contenance de la propriété limitrophe
la plus petite. — Le procès-verbal qui constatera ces

échanges, sera soumis à un droit fixe de un franc, pourvu qu'ils ne dépassent pas ce vingtième.

Les créances privilégiées ou hypothécaires seront transportées de plein droit sur les parcelles de compensation et sur la soulte.

13. Le plan cadastral général de la commune sera dressé ensuite ; il présentera une carte d'ensemble, et des feuilles de détail à une échelle suffisante.

Chaque parcelle portera l'indication de la section et un numéro d'ordre.

14. Enfin, il sera fait une matrice générale de toutes les parcelles, par section et par ordre de numéros correspondant au plan, et une cote particulière pour tous les propriétaires et possesseurs légaux, contenant toutes les parcelles appartenant à chacun d'eux, leur qualité de propriétaire, usufruitier ou emphytéote.

La matrice générale et la cote particulière, porteront la section et le numéro de chaque parcelle, sa nature, sa contenance, ses confronts, son revenu réel.

Pour fixer ce revenu, les deux agents seront assistés du contrôleur des contributions directes, du maire de la commune ou de son adjoint, et de deux membres du conseil municipal. Cette commission ainsi composée, sera présidée par l'un des ingénieurs du cadastre opérants ; elle prononcera à la majorité, au nombre de quatre membres au moins, sur le revenu de chaque parcelle. En cas de partage, la voix du président sera prépondérante (D. R. 7).

Le recours contre ces décisions sera porté au conseil de préfecture.

Les membres de la commission ne pourront pas opérer sur les parcelles leur appartenant, sur celles de leurs

parents et alliés, jusqu'au degré de cousin germain inclusivement, de leur pupille, mandant ou mandataire
général.

La cote de chaque propriétaire contiendra, en outre,
les servitudes actives et passives reconnues, les fossés,
murs et haies mitoyens, en un mot tous les droits, avantages et charges immobiliers de chaque parcelle.

15. Lorsque des propriétaires voisins ne seront pas
d'accord sur une ligne divisoire, sur une servitude, un
droit de propriété quelconque, les parties seront appelées
en conciliation, devant un juge du tribunal civil de l'arrondissement, lequel se rendra sur les lieux assisté de l'un des
deux agents, à l'effet de concilier les parties (D. R. 8).

Le juge dressera procès-verbal, signé avec lui par l'un
des deux agents opérateurs, qui lui servira de greffier. Il
pourra vérifier les titres, cadastres, et autres documents
qui lui seront soumis.

S'il y a conciliation, le terrier sera fait conformément
à la conciliation. S'il n'y a pas conciliation, l'agent du
cadastre, indiquera par des lignes différentes, sur le plan
et dans le procès-verbal, la prétention de chacune des
parties, et la ligne proposée par le juge conciliateur, avec
les motifs sommaires (25).

16. Si, pendant deux ans, il n'y a pas de réclamation
judiciaire de la part de l'une des parties, la ligne ou le
droit proposé par le juge deviendra définitif (27).

S'il y a réclamation, la ligne ou le droit seront portés
au cadastre, conformément à la décision définitive intervenue.

17. Lorsque l'abornement, le plan et la matrice auront

été parachevés, il sera pris un nouvel arrêté pour en ordonner le dépôt dans la mairie de la commune pendant deux mois.

De nouvelles affiches et publications seront faites, de la même manière que dans l'article 10 ; chaque intéressé sera sommé de nouveau par le garde (10, 385), de venir prendre communication, et de faire ses dires dans le délai de deux mois. Avec la sommation, il lui sera notifié une copie conforme de sa cote particulière.

Les réclamations seront faites verbalement ou par écrit soit au maire, soit au sous-préfet, soit aux agents ; il en sera donné récépissé.

Il sera procédé sur les réclamations qui seront produites, comme aux articles précédents ; s'il y est fait droit, les modifications en résultant seront portées au procès-verbal d'abornement, au plan, aux matrices et états de section.

Les frais particuliers de ces réclamations, resteront à la charge de ceux qui n'auront pas été présents aux opérations primitives, quoique dûment appelés, ou dont les réclamations seront jugées mal fondées.

18. Après l'expiration du délai ci-dessus, et les opérations de révision, des bornes réglementaires et divisoires seront plantées par les soins des mêmes agents; il en sera dressé un nouveau procès-verbal.

Dans chaque territoire, il y aura un certain nombre de bornes communes ou repères invariables, sur lesquels les opérations seront basées, afin de retrouver facilement les bornes particulières (D. R. 11).

Les procès-verbaux d'abornement, le plan, les matrices, et les rapports de plantation de bornes, seront déclarés exécutoires par le préfet ; ils seront déposés au bureau de l'enregistrement du canton de la commune, et au bureau du directeur de l'enregistrement du département.

Le receveur et le directeur délivreront des extraits ou des copies authentiques, à toute personne qui en fera la demande, et qui déposera somme suffisante pour le coût (D. R. 9 et 10).

19. Ces procès-verbaux, plans et matrice, feront foi de la possession et de la propriété, jusqu'à preuve du contraire.

Ils seront complétés ou modifiés, soit par le consentement des parties ayant capacité, soit par décision judiciaire définitive.

20. Les mutations qui interviendront par vente, échange, jugement, succession, donation, partage ou autrement, les servitudes ou autres droits réels valablement créés, seront portés au plan et à la matrice, par le conservateur assermenté du cadastre, sur l'enregistrement de ces actes ou la déclaration de succession, de manière que le terrier présente toujours la situation actuelle de chaque parcelle et de chaque propriétaire.

A cet effet, il sera au besoin, adjoint au plan du cadastre, de nouvelles feuilles signées par le conservateur, et portant les nouvelles divisions, avec une nouvelle série de numéros, ainsi de suite.

Le conservateur se transportera sur les lieux, s'il est nécessaire ; en cas de difficulté entre les parties, il sera procédé conformément à l'article 15, par l'employé du cadastre, et le juge de paix en conciliation ; le procès-verbal du juge sera mis aux minutes de son greffe. Ampliation en sera transmise à la direction départementale. Le terrier sera modifié en conséquence.

21. Les notaires et autres officiers publics, seront tenus de porter exactement dans les actes et jugements, la section et le numéro des parcelles, à raison desquelles ces actes et jugements seront faits, sous peine d'une amende correctionnelle de 10 à 100 francs, de 100 à 500 francs en cas de récidive, et de responsabilité envers la partie.

Les déclarations de succession et actes sous-seing privé, ne seront admis à l'enregistrement que lorsqu'ils porteront exactement ces numéros, ils seront accompagnés de l'extrait de la matrice qui s'y réfère ; ou, s'il y a insuffisance ou obscurité dans la désignation, ils ne seront admis que lorsque les signataires ou leurs ayants droit, auront reconnu et constaté ces numéros par écrit, au pied de la déclaration, de l'acte sous-seing privé, ou de la minute de l'acte authentique, avec le concours de toutes les parties figurant dans l'acte, sur jugement s'il y a contestation.

En cas de division d'une parcelle, les parties et le notaire seront tenus de déclarer la ventilation du revenu cadastral qui sera faite entre les deux fractions, soit dans l'acte, soit dans la déclaration supplémentaire.

22. Dans le cas où une erreur aurait été commise sur une mutation, chaque partie a le droit de se pourvoir en révision, conformément aux articles 17, § 3 et 4 et 20, § 2.

23. Le terrier sera refait lorsqu'il sera nécessaire, sur la demande de la commune, ou du directeur général du cadastre, après avis du conseil général et du préfet, en vertu d'un arrêté du ministre de l'agriculture dûment approuvé.

Le terrier sera refait dans la même forme que ci-dessus ; il sera régi par les mêmes règles.

Les anciens terriers seront placés aux archives de la direction de chaque département.

CHAPITRE II. — Du bornage particulier.

24. *Tout propriétaire peut toujours obliger son voisin au bornage de leurs propriétés contigües.*

L'usufruitier, l'emphytéote, l'usager ont le même droit, après avoir mis le propriétaire en demeure, et en l'appelant en cause.

La demande en bornage est une demande immobilière et pétitoire ; les incapables ne pourront l'exercer qu'en se conformant aux règles ordinaires de l'autorisation.

V. art. 646, C. N.

25. Le bornage sera fait avec les autres voisins, propriétaires et possesseurs des propriétés à borner, si cela est requis par l'une des parties ; mais à ses frais, si cette opération est reconnue frustratoire.

Le déficit, ou l'excédant de contenance sur les titres, sera retranché ou partagé proportionnellement à la contenance de chaque partie, à moins d'une possession exclusive de plus de trente ans, de la part de l'une des parties, ou d'une possession annale dont elle ferait la preuve.

Dans ce dernier cas, le bornage sur la partie contestée ne sera que provisoire.

26. Le bornage sera déclaratif de la propriété, lorsque toutes les formalités auront été remplies.

Il sera fait amiablement ou judiciairement.

Dans ce dernier cas, il sera fait devant le juge de paix de la situation ; il pourra se faire assister d'un expert.

Le juge de paix de l'un des immeubles à borner, sera compétent pour ceux qui, quoique hors de son ressort, seraient compris dans l'action.

27. Si, au cours du bornage, il s'élève une question de propriété, le juge de paix procèdera au bornage de la partie non contestée ; pour le surplus, il tentera de concilier les parties, conformément à l'article 20.

Il sera sursis au bornage, en ce point, jusqu'à l'expiration des deux ans de l'article 16, ou jusqu'à la décision définitive.

Le bornage sera alors parachevé, en conformité de la ligne du juge ou de la décision rendue.

28. Le bornage amiable ou judiciaire sera exécuté incontinent sur les lieux, par la plantation des bornes divisoires et réglementaires.

Il sera porté au cadastre, sur l'enregistrement de l'acte, du procès-verbal, ou du jugement qui le contient, conformément aux articles 20 et 21.

29. *Les frais de bornage seront communs,* et proportionnés soit au nombre des angles, soit à la longueur des lignes à mesurer.

Ils seront avancés par la partie qui aura demandé le bornage ; ils resteront à sa charge, si l'opération a été provoquée inutilement.

Le propriétaire et le possesseur d'une même propriété, si ce dernier a demandé le bornage, paieront leur part par égale portion.

V. art. 646, C. N.

TITRE III

DES SERVITUDES RURALES

CHAPITRE Ier. — IRRIGATION. — PASSAGE DES EAUX.

30. *Tout propriétaire qui voudra se servir* pour les besoins d'une habitation, *pour l'irrigation de ses propriétés,* ou pour l'utilité d'une usine, *des eaux naturelles ou artificielles dont il a le droit de disposer, pourra obtenir le passage de ces eaux sur les fonds intermédiaires, à la charge d'une juste et préalable indemnité* (226).

V. art. 687, C. N., L. 29 avril 1845, art. 1.

31. *Les propriétaires des fonds inférieurs, devront recevoir les eaux qui s'écouleront des terrains ainsi arrosés, sauf l'indemnité qui pourra leur être due.*

Art. 2, L. 29 avril 1845.

Le propriétaire de l'usine devra les rejeter dans un cours d'eau publique, ou acquérir un passage pour les y déverser.

32. *La même faculté de passage sur les fonds intermédiaires, pourra être accordée au propriétaire d'un terrain submergé en tout ou en partie, à l'effet de procurer aux eaux nuisibles leur écoulement.*

Art. 3, L. 1845.

CHAPITRE II. — Service d'appuyage.

33. *Tout propriétaire qui voudra se servir*, pour l'utilité de son habitation ou d'une usine, ou *pour l'irrigation de ses propriétés, des eaux naturelles ou artificielles dont il a le droit de disposer, pourra obtenir la faculté d'appuyer sur la propriété du riverain opposé, les ouvrages d'art nécessaires à sa prise d'eau, à la charge d'une juste et préalable indemnité (226).*

V. L. 11 juillet 1847, art. 1.

34. *Le riverain sur le fonds duquel l'appui sera réclamé, pourra toujours demander l'usage commun du barrage, en contribuant pour moitié aux frais d'établissement et d'entretien ; aucune indemnité ne sera respectivement due dans ce cas, et celle qui aura été payée devra être rendue.*

Lorsque cet usage commun ne sera réclamé qu'après le commencement ou la confection des travaux, celui qui le demandera devra supporter seul l'excédant de dépense auquel donneront lieu les changements à faire au barrage pour le rendre propre à l'usage commun.

Art. 2, L. 1847.

CHAPITRE III. — Du drainage.

35. *Tout propriétaire qui veut assainir son fonds par le drainage, ou par un autre mode d'assèchement, peut, moyennant une juste et préalable indemnité, en conduire* les eaux souterrainement ou à ciel ouvert, à travers les propriétés qui séparent ce fonds d'un cours d'eau publique, ou de toute autre voie d'écoulement.

V. L. 10 juin 1854, art. 1.

36. *Les propriétaires de fonds voisins ou traversés, ont la faculté de se servir des travaux faits en vertu de l'article précédent, pour l'écoulement des eaux de leurs fonds.*

Ils supportent dans ce cas : 1° une part proportionnelle dans la valeur des travaux dont ils profitent ; 2° les dépenses résultant des modifications que l'exercice de cette faculté peut rendre nécessaires ; et 3° pour l'avenir, une part contributive dans l'entretien des travaux devenus communs.

Art. 2, L. 10 juin 1854.

37. *Les travaux que voudraient exécuter les associations syndicales, les communes ou les départements, pour faciliter le drainage ou tout autre mode d'assèchement, peuvent être déclarés d'utilité publique, par décret rendu en conseil d'État (200, 226).*

Art. 4, L. 1854.

DISPOSITIONS COMMUNES

AUX TROIS CHAPITRES PRÉCÉDENTS.

38. *Sont exceptés des servitudes portées aux trois chapitres qui précèdent, les maisons, cours, jardins, parcs et enclos attenant à une habitation.*

Art. 1, L. 29 avril 1845, 11 juillet 1847, 10 juin 1854.

39. Les contestations auxquelles pourront donner lieu l'établissement et l'exercice de ces servitudes, la fixation de leur parcours, de la dimension et de la forme des travaux, les indemnités dues, soit aux propriétaires des fonds traversés, soit à ceux qui recevront les eaux, seront portées en premier ressort devant le juge de paix de la situation, *lequel, en prononçant, devra concilier l'intérêt de l'opération avec le respect dû à la propriété (191, 226).*

Art. 4, L. 1845; art. 3, L. 1847; art. 5, L. 1854.

40. Il sera procédé devant les tribunaux comme en matière urgente, et, s'il y a lieu à expertise, il pourra n'être nommé qu'un seul expert.

Art. 303, C. P. C.; art. 4, L. 1845; art. 3, L. 1847; art. 5, L. 1854.

41. Les frais de ces contestations seront à la charge de celui qui aura demandé la servitude, à moins qu'il n'apparaisse au juge, que l'autre partie n'a refusé les offres réelles préalables, détaillées et satisfactoires à elle faites valablement, que par malveillance ou par caprice.

Art. 1260, C. N.

42. Lorsque plusieurs propriétés seront comprises dans la servitude à établir, soit en demandant, soit en défendant, il pourra être procédé à une seule instance judiciaire; dans ce cas, il ne sera dû qu'un seul droit d'enregistrement sur tous les actes de procédure, un seul droit aux officiers ministériels.

CHAPITRE IV. — DES PLANTATIONS.

43. *Il n'est permis de planter* ou de laisser croître *des arbres de haute tige,* d'après leur espèce, *qu'à la distance* de quatre mètres *de la ligne séparative des deux héritages,* de deux mètres pour les arbres de tige moyenne, *et à la distance d'un demi-mètre* pour les arbustes et *haies vives (62, 368, § 2).*

Cette distance sera la même sur les voies de la petite voirie (422, n° 15).

Art. 671, C. N.

44. *Le voisin peut exiger que les arbres et haies plantés à une moindre distance soient arrachés,* à moins qu'il n'y ait prescription acquise.

Il y a exception pour les plantations qui sont faites dans une cour, jardin, ou enclos qui aura une clôture en bâtisse.

Celui sur la propriété duquel avancent les branches d'un arbre du voisin, peut toujours *contraindre celui-ci à couper ces branches.*

Si ce sont les racines qui avancent sur son héritage, il a le droit de les y couper lui-même.

Art. 672, C. N.

45. Le propriétaire d'un arbre planté sur la limite, n'a pas le droit d'aller ramasser les produits tombés sur la propriété voisine ; ils appartiennent au propriétaire du fonds sur lequel ils tombent naturellement.

46. Sur le bord des cours d'eau dépendant du domaine public et des canaux, sur les routes impériales, départementales et de grande vicinalité, la distance des plantations de la deuxième et troisième catégorie sera doublée ; elle comptera, pour toutes les plantations, du bord extérieur du chemin de hallage, du bord ou fossé de ces routes (206, 370, § 2, 427, n° 13).

Ces plantations ne pourront être faites, que sur l'alignement et aux conditions prescrites par l'autorité administrative compétente.

La loi du 9 ventôse an XIII, et le décret du 6 décembre 1811, en ce qui concerne l'obligation imposée aux riverains de planter sur les routes, sont rapportés (428).

47. Il est défendu de faire des plantations et des récoltes inflammables, à moins de vingt-cinq mètres des voies de fer.

Dans chaque département, le préfet, sur l'avis du conseil général, déterminera quelles sont les plantations et récoltes inflammables qui seront prohibées (368, § 3).

Celui qui aura contrevenu à cette prescription, n'aura aucune action, en cas d'incendie causé par la voie ferrée, sur ces plantations et récoltes (425, n° 14).

CHAPITRE V. — Fossés et haies. — Mitoyenneté.

48. Il ne peut être établi de canal, biez, fossé, fosse, cloaque, puits ou excavation permanente quelconque, qu'à une distance de la propriété voisine, égale à la profondeur de ce canal, biez, fossé, fosse, ou excavation (62).

Cette distance sera du double, sur le bord des cours d'eau et des routes publiques (425, n° 13).

Le talus intérieur du canal, biez ou fossé, aura toujours une inclinaison totale égale à la moitié au moins de la profondeur.

Il y aura exception à cette double règle, si le canal, biez, fossé, fosse, cloaque, puits ou excavation, est séparé de la propriété voisine, cours d'eau ou route, par un mur ou autre œuvre d'art maçonnée, qui ne permette pas l'éboulement des terres et l'infiltration des eaux.

49. Les fossés devront être toujours curés, de manière à ne pas exposer les propriétés voisines à l'inondation, à la stagnation ou à l'infiltration.

Chaque riverain cure en droit-soi, à vieux fonds et à vieux bords (175).

50. Le propriétaire du canal, biez ou fossé d'irrigation ou de vidange qui traverse d'autres propriétés, est présumé propriétaire de francs-bords ayant une largeur de chaque côté, égale à la moitié de la profondeur.

Si ce canal, biez ou fossé n'existe qu'à titre de servitude, la largeur des bords sera la même et au même titre (175).

51. *Tous fossés entre deux héritages sont présumés mitoyens, s'il n'y a titre ou marque du contraire : il y a marque de non-mitoyenneté, lorsque la levée ou le rejet de la terre, se trouve d'un côté seulement du fossé.*

Le fossé est censé appartenir exclusivement à celui du côté duquel le rejet se trouve.

Art. 666, 667, 668, C. N.

52. *Toute haie qui sépare des héritages est réputée mitoyenne, à moins qu'il n'y ait qu'un seul des héritages en état de clôture,* que la haie soit taillée en plan incliné au sommet

ou s'il n'y a titre, borne cadastrale, *ou possession suffisante du contraire.*

Art. 670, C. N.

53. *Les arbres qui se trouvent dans la haie mitoyenne sont mitoyens comme la haie ; chacun des deux propriétaires a droit de requérir qu'ils soient abattus,* quel que soit leur âge.

Art. 673, C. N.

54. Le curage du fossé, l'émondage et la récolte de la haie et des arbres mitoyens, seront faits à frais et profits communs, aux époque et saison convenables.

L'un des propriétaires peut toujours renoncer à la mitoyenneté, en abandonnant à l'autre, la propriété exclusive du fossé ou de la haie mitoyenne.

CHAPITRE VI. — DE L'ENCLAVE.

55. *Le propriétaire dont les fonds sont enclavés,* ou qui n'a qu'une issue insuffisante sur la voie publique, pour l'exploitation de son fonds, *peut réclamer un passage,* en obtenir l'agrandissement ou l'amélioration *sur les fonds de ses voisins, à la charge d'une indemnité* préalable, *proportionnée au dommage qu'il peut occasionner.*

V. art. 682, C. N.

56. *Le passage doit régulièrement être pris du côté où le trajet est le plus court, du fonds dominant à la voie publique.*

Néanmoins, il doit être accordé dans l'endroit le moins dommageable à celui sur le fonds duquel il est accordé.

Art. 683, 684, C.. N.

57. L'entretien du passage est à la charge de celui pour lequel il est établi (201, 204, 205).

58. *L'action en indemnité, dans le cas prévu par l'article 55, est prescriptible ; et le passage doit être continué, quoique l'action en indemnité ne soit plus recevable.*

Art. 685, C. N.

59. Le fonds enclavé aura un droit de passage suffisant, sans indemnité, sur les fonds voisins dont il a été séparé par vente, échange, partage, ou tout autre acte qui sera produit.

60. Les articles 38, 39, 40, 41 et 42 sont applicables à cette servitude.

61. La servitude de passage s'éteint aussitôt que l'enclave vient à cesser, si la nouvelle issue est aussi avantageuse.

CHAPITRE VII. — Des clôtures.

62. Chaque propriétaire a le droit de clore son héritage rural, aux conditions suivantes :

La clôture en muraille aura une hauteur de deux mètres sur la limite ; en-deçà, elle pourra être augmentée d'une hauteur égale à la distance de la limite.

Elle pourra être établie sur la limite même de la propriété, si elle est en bâtisse, en palissade sèche, ou en fils métalliques.

Si la clôture est en haie vive ou fossé, elle sera à la distance prescrite par les articles y relatifs (43, 48).

La barrière ou porte de la clôture s'ouvrira dans l'intérieur de l'héritage.

V. art. 663, C. N., art. 6, sect. 4, L. 6 octobre 1791.

63. Est réputé clos, tout héritage entouré d'un mur, de fils métalliques ayant un centimètre de circonférence, à mailles treillissées de vingt centimètres, d'une haie vive ou sèche, ou de toute autre clôture analogue faisant obstacle à toute communication avec les héritages voisins, — le tout de un mètre cinquante centimètres de hauteur au-dessus du sol de l'enclos, ou d'un fossé de un mètre trente centimètres de largeur et de soixante-cinq centimètres de profondeur.

La barrière ou porte devra être garnie d'une fermeture fixe quelconque.

64. Le propriétaire d'une clôture, a le droit de passer sur le champ de son voisin pour la réparer, pour l'émonder ou la refaire, à charge de payer le dommage, de n'y procéder qu'au moment où il fera le moins de dégât, et après avoir fait prévenir le voisin par le garde-champêtre. (389).

Le juge de paix prononcera, au besoin, sur le moment de l'exercice de la servitude et le montant du dommage.

CHAPITRE VIII. — Du parcours et de la vaine pature.

65. Le droit de parcours et de vaine pâture est aboli, sans indemnité, s'il est établi d'une manière réciproque entre communes ou particuliers, ou à titre purement gratuit.

V. art. 2, t. I, sect. 4, L. 6 octobre 1791.

66. Dans le cas où le droit de parcours ou de vaine pâture ne serait pas réciproque, et où il résulte d'une aliénation à titre onéreux, il sera toujours rachetable.

V. art. 8, L. 1791.

67. L'indemnité sera réglée de gré à gré, et à défaut par les tribunaux, qui auront égard à l'importance de la servitude, et à sa valeur calculée sur la moyenne des trente dernières années, pour former le capital du rachat.

V. art. 8, L. 1791.

68. En cas de parcours ou de vaine pâture non abolis ni rachetés, ce droit ne pourra pas être exercé sur les propriétés qui sont toujours en état de récolte, telles que les prairies naturelles ou artificielles.

Si les propriétés toujours en état de récolte sont transformées, le droit de pâture revit, à moins qu'il n'ait été éteint par la prescription non interrompue.

V. art. 9, L. 1791.

69. Il ne pourra être exercé sur les autres propriétés, qu'après l'enlèvement de toutes les récoltes, et seulement pendant que les terres sont en friche.

70. La clôture d'un héritage l'affranchit de tout droit de parcours ou de vaine pâture, sans indemnité. Mais *le propriétaire perd son droit commun au pâturage, en proportion du terrain qu'il y soustrait.*

Art. 7, L. 1791. — Art. 648, C. N.

71. Tout propriétaire pourra s'affranchir définitivement du droit de parcours et de vaine pâture sur ses terres, en s'interdisant ce droit sur les autres communistes, pour un nombre moyen de têtes de bétail proportionné à l'étendue de ses terres, eu égard à l'étendue totale du pâturage et au nombre des bêtes du parcours.

Cette proportion sera, sur la demande de ce propriétaire, déterminée par le conseil municipal de la commune, avec recours au conseil de préfecture qui pourra nommer un expert.

Si le troupeau habituel de ce propriétaire est inférieur à l'étendue de son pâturage, il ne pourra en affranchir qu'une partie en proportion.

V. art. 12, L. 1791.

72. *La quantité de bétail proportionnelle à l'étendue du terrain est fixée dans chaque commune, à tant de têtes par hectare, d'après les règlements et usages locaux. En cas de difficulté, il y est pourvu par le conseil municipal,* comme à l'article précédent (422, n° 15, D. R. 14).

Art. 13. L. 1791.

73. *Néanmoins, tout chef de famille domicilié, lors-même qu'il n'est ni propriétaire ni fermier d'aucun des terrains soumis au parcours ou à la vaine pâture, peut y mettre, soit par troupeau séparé, soit dans le troupeau commun, cinq bêtes à laine et une vache avec son veau,* à moins que le titre commun, la possibilité du pâturage, *ou un* *usage local immémorial* ne fixe une autre proportion (422, n° 15).

Art. 14, L. 1791.

74. *Les propriétaires ou fermiers non domiciliés, qui exploitent des terres sur des communes sujettes au droit de parcours ou de vaine pâture, ont le droit d'avoir au troupeau commun, ou par troupeau séparé, une quantité de bêtes proportionnée* à l'étendue de leur possession et déterminée conformément à l'article 72 (422, n° 15, D. R. 14).

Art. 15, L. 1791.

75. *Le droit de parcours et de vaine pâture ne peut être exercé que par les ayants droit. Il ne peut jamais être cédé à des tiers* (422, n° 15).

V. art. 15, L. 1791.

76. *Il ne peut être exercé sur des propriétés closes, que s'il est fondé sur un titre* non prescrit (422, n° 15).

Art. 7 et 17, L. 1791.

77. Le droit de vaine pâture entre les habitants d'une commune, peut être supprimé en vertu d'une délibération du conseil général, soumise à l'approbation de l'Empereur par un décret rendu en conseil d'État, le conseil municipal de la commune préalablement entendu (422, n° 15).

78. L'exercice du droit de parcours et de vaine pâture, sera réglé par une délibération du conseil municipal, avec recours au conseil de préfecture, indépendamment des prescriptions générales des articles 102 et suivants du présent code (422, n° 15, D. R. 14).

CHAPITRE IX. — Autres servitudes rurales.

79. Le dommage de guerre ne donnera lieu à aucune action ; il pourra être accordé un secours.

V. L. 10 juillet 1791, T. 1, art. 38.

80. Le dommage résultant du secours porté en cas d'incendie ne donne pas lieu à dommages-intérêts, s'il n'y a pas eu abus.

TITRE IV

ANIMAUX

81. Les animaux se divisent en trois classes :

1° Les animaux *sauvages* qui appartiennent au premier occupant ;

2° Les animaux *quasi-sauvages*, tels que poissons d'étang privé, de réservoir ou de petit cours d'eau, les abeilles, pigeons, lapins de garenne et autres. Ils appartiennent à celui sur la propriété duquel ils se sont fixés, ou ont été placés.

3° Les animaux *domestiques*, tels que ceux de garde ou d'agrément, les bêtes de somme, de pâturage, de basse-cour, etc. Ils appartiennent à ceux qui les élèvent et les nourrissent.

CHAPITRE Ier. — DES ANIMAUX SAUVAGES.

82. Chacun peut détruire sur son terrain les animaux malfaisants, de quelque espèce qu'ils soient, et par tous les moyens qui ne sont pas défendus par l'arrêté du préfet (368 § 9, n° 3, — 411, n° 2).

83. Le préfet et le sous-préfet, pourront prescrire, par arrêté, des battues générales ou par communes, pour la destruction des animaux malfaisants; ils pourront aussi ordonner l'empoisonnement.

Ils prendront à cet effet, les mesures nécessaires pour la sécurité et la conservation des personnes et des propriétés, le mode, la durée, l'ordre et la marche de l'opération, et toutes autres de nature à en assurer la régularité et le succès, à en éviter les dangers et les inconvénients (369 § 3, 422, n° 15. D. R. 18, 29).

84. Les battues ou empoisonnements seront dirigés par un agent de l'administration forestière ou rurale nommé par l'arrêté, et annoncés pendant trois jours consécutifs, à son de trompe, dans chaque commune de l'opération et dans les communes limitrophes.

Il sera rendu compte à l'autorité supérieure du résultat et des circonstances, dans un rapport détaillé dressé par l'agent, visé par les maires, qui pourront y ajouter leurs observations. En cas d'accident, ampliation de ce rapport sera envoyée au procureur impérial.

Immédiatement après la battue ou l'empoisonnement, il sera procédé à la recherche et à l'enfouissement des animaux tués.

V. l'arrêté du 19 pluviôse, an v.

85. En dehors des battues, il sera accordé par le département, à celui qui aura tué un ours ou une louve pleine, une prime de vingt francs, pour un loup quinze francs, pour un renard ou un louveteau cinq francs. (D. R. 23).

Cette prime sera payée sur les fonds départementaux au moyen d'une attestation du maire, sur un mandat fourni par le sous-préfet sur un percepteur, après que le sous-préfet aura fait couper une patte à l'animal tué.

86. *Nul ne pourra chasser* sur sa propriété, *sauf l'exception ci-après, si la chasse n'est pas ouverte, et s'il ne lui a pas été délivré un permis de chasse par l'autorité compétente (4, 5).*

Nul n'aura la faculté de chasser sur la propriété d'autrui, sans le consentement du propriétaire ou de ses ayants droit (409, n° 1, 410, n° 2, 412).

Art. 1, L. 3 mai 1844.

87. *Le propriétaire ou possesseur peut chasser ou faire chasser en tout temps, sans permis de chasse, dans ses possessions attenantes* à une maison habitée d'une manière continue *et entourée d'une clôture* conforme à l'article 63.

Art. 2, L. 3 mai 1844.

88. Il est défendu de prendre ou de détruire, même sur son terrain, des nichées, œufs et couvées de gibier, ni de faire aucun acte qui puisse amener cette destruction (409, n° 3, 410, n° 3).

Il y a exception pour les lapins (97).

V. art. 4, 9 et 11 n° 4, L. 3 mai 1844.

CHAPITRE II. — DES ANIMAUX QUASI-SAUVAGES.

89. Les animaux *quasi-sauvages* dont il est parlé à l'article 81, qui passent d'un étang, d'un réservoir, d'une ruche, d'un colombier, d'une garenne dans une autre, sans y être attirés par fraude ou artifice, deviennent la propriété de celui qui est propriétaire de ce dernier étang, colombier, ruche ou garenne.

V. art. 564, C. N.

90. Les abeilles et leur miel appartiennent au premier occupant, tant qu'elles ne sont pas en ruche naturelle ou artificielle.

91. Le propriétaire d'un essaim a le droit de le suivre sans discontinuité, de le réclamer ou de s'en saisir, en payant le dommage fait, tant que l'essaim n'est pas définitivement fixé.

V. art. 5, sect. 3, L. 6 octobre 1791.

92. On ne peut, dans la campagne, établir un rucher ou une ruche, à moins de cinq cents mètres de celui de son voisin, et de vingt-cinq mètres d'une propriété voisine ou d'un chemin public, sous les peines de police, de sa destruction et de dommages-intérêts (422, n° 22).

93. Les ruches et leur miel sont saisissables mobilièrement, pendant les mois de décembre, janvier et février.

Elles sont toujours saisissables comme immeubles par destination, avec le fonds sur lequel elles sont placées.

V. art. 592, C. P. C., 524 C. N. Art. 3, sect. 3, L. 1791.

4

94. Les vers-à-soie et la feuille qui leur est destinée, sont insaisissables.

95. Tout propriétaire pourra avoir des pigeons *volants* et un colombier, s'il possède au moins dix hectares de terrain contigus au colombier.

Toutefois, il pourra tenir des pigeons, dits *pattus*, quelle que soit l'étendue de sa possession (368 § 1, 422, nº 15).

96. Pendant le temps de la fermeture des colombiers, chaque propriétaire pourra tuer, sur son terrain, les pigeons volants qu'il y trouvera, et s'en emparer. Hors de ce temps, il aura le droit de les tuer, mais non de se les approprier (368 § 1, 422, nº 15).

Il en sera de même, en tous temps, des pigeons lourds.

Il est défendu d'appâter les pigeons d'autrui (422, nº 23, 423).

97. Le propriétaire d'une garenne, est responsable du dommage fait par ses lapins, et le propriétaire du champ endommagé a le droit de prendre ou de tuer les lapins ravageurs, sur son champ et par tous les moyens (88).

V. cass. 24 juin 1860, J. P. 1860, 1103.

CHAPITRE III

SECTION Ire. — *Des animaux domestiques.*

98. Le propriétaire d'animaux domestiques ou son ayant droit, est responsable du dommage causé.

Le gardien est responsable envers le propriétaire de ces animaux, à moins qu'il ne prouve qu'il n'y a pas eu faute ou négligence de sa part.

V. art. 1385, C. N.

99. Le propriétaire, ou celui qui en tient la place, à la propriété duquel un animal domestique a fait du dommage, a le droit, soit de le saisir, de le faire reconnaître, d'exiger le paiement du dommage ; soit de le retenir ou mettre en fourrière, s'il n'est pas réclamé, de le faire vendre aux enchères publiques, comme meuble saisi, sur ordonnance du juge de paix, pour être payé par préférence du montant des frais, nourriture et dommage.

V. art. 12, T. 2, L. 1791. L. 4 avril 1798.

100. Le propriétaire de l'animal abandonné, perdu ou échappé, peut le revendiquer partout, pendant un an, en payant au préalable le dommage qu'il a pu faire et la perte qu'il a occasionnée.

Le délai ne courra pas, tant que celui qui aura trouvé ou saisi l'animal, l'aura tenu caché.

Dans ces divers cas, si les parties ne sont pas d'accord sur le montant du dommage et des frais, il sera fixé provisoirement par le maire et déposé en ses mains. L'animal sera remis alors à son propriétaire.

101. Si ce sont des volailles, le propriétaire du champ où elles seront trouvées, a le droit de les tuer, mais sur le lieu et au moment du dommage ; il doit les laisser sur place (422, n° 15, 423).

Le propriétaire de ces volailles ne pourra les réclamer qu'en payant le dommage.

Il est défendu d'appâter les volailles d'autrui (422, n° 23, 425).

Le propriétaire de volailles de basse-cour aura huit jours pour les réclamer depuis leur disparition. Ce délai ne courra pas, tant que celui qui aura trouvé la volaille l'aura tenue cachée.

V. art. 12, T. 2, L. 1791.

102. Les bêtes de pâturage seront toujours gardées ou attachées. Le gardien d'un troupeau de plus de dix bêtes devra avoir plus de quinze ans, s'il le garde pendant le jour ; plus de vingt et un ans, si c'est pendant la nuit.

Lorsqu'un gardien aura plusieurs troupeaux sous sa conduite, tous les propriétaires de ces troupeaux seront solidairement responsables du dommage causé, sauf leur recours contre le gardien (78, 182).

103. Les chèvres seront toujours tenues à l'attache, ou accouplées (422, n° 15).

104. Les articles 72 et 73 du Code forestier sont applicables au pâturage des bestiaux, dans tous les terrains soumis à ce droit d'usage communal (422, n° 15).

L'usager sera tenu de déposer la marque indiquée dans l'article 73, au greffe de la justice de paix du canton, sous peine de cinquante francs d'amende.

105. Chaque bête isolée, ou chaque troupeau aura une clochette par dix bêtes.

Pendant le jour, un conducteur pourra garder jusqu'à soixante bêtes, deux conducteurs jusqu'à deux cents bêtes ; au-dessus, il y aura un conducteur de plus par chaque deux cents bêtes. Pendant la nuit, le nombre des conducteurs sera doublé (422, n° 15).

V. art. 75, C. F.

106. On peut tuer un animal domestique, atteint d'hydrophobie, ou qui a les symptômes de la rage, si cet animal est libre, ainsi que celui qui a mordu ou tenté de mordre quelqu'un, et les animaux furieux, sans encourir aucune peine ni dommage (422, n° 15).

Section II. — *Epizooties.*

107. Les maires et les préfets prendront des arrêtés, sur toutes les mesures qui pourront prévenir l'envahissement d'une maladie contagieuse des bestiaux (369, § 6. 422, n° 15).

Ils prescriront les visites des animaux de chaque commune, par des vétérinaires à ce délégués ; — les conditions dans lesquelles ils seront tenus dans les étables, bergeries ou porcheries ; — celles dans lesquelles ils seront conduits au pâturage ou nourris à demeure (422, n° 15).

V. art. 459, 460, C. P.

108. Lorsque la contagion sera déclarée, les maires et préfets, prendront des arrêtés prescrivant toutes les mesures propres à en arrêter ou circonscrire les effets (369, § 6, 422, n° 15, D. R. 24).

Chaque propriétaire sera tenu de déclarer immédiatement au maire, les bêtes qui seront atteintes ; le maire les fera aussitôt vérifier ; celles qui seront reconnues malades seront incontinent séparées de tous les autres animaux, et enfermées dans un local qui n'ait aucune communication avec ceux des autres bestiaux.

Si le propriétaire n'a pas de local séparé, les animaux malades seront séquestrés à ses frais dans le lieu désigné par le maire, ou ils seront abattus.

Sur le même rapport, le maire indiquera quelles seront les bêtes qui devront être abattues, ce qui sera fait incontinent par le propriétaire. Elles seront enterrées dans leur peau, à un mètre de profondeur au-dessus de l'animal, et à vingt-cinq mètres, au moins, des habitations (422, n°ˢ 15 et 20).

109. Chaque semaine, le maire rendra compte au préfet de la marche de la maladie ; il lui enverra un état détaillé des animaux abattus, séquestrés ou malades, d'après les déclarations des propriétaires et le rapport du vétérinaire (422, n° 15).

110. Les bêtes malades devront être marquées par l'administration locale d'une manière particulière. Elles ne pourront être vendues ni conduites au pâturage ou à l'abreuvoir. Elles ne sortiront de la commune qu'avec l'autorisation du maire, donnée après la visite spéciale et sur le rapport de l'homme de l'art. Elles ne pourront être réunies au troupeau qu'avec la même autorisation (422, n° 15).

111. Après que les bêtes malades auront quitté un local, ou après l'épizootie, le maire ou le préfet prescrira les moyens de désinfection que chaque propriétaire devra employer, le délai pendant lequel ces locaux ne pourront plus être habités, ainsi que toutes autres mesures de précaution propres à prévenir le retour de l'épidémie (422, n° 15).

112. Les propriétaires d'animaux reconnus malades sont responsables du dommage causé, s'ils ne se sont pas conformés aux mesures ordonnées par l'autorité.

113. Les arrêtés pris par les maires, seront immédiatement affichés et publiés à son de trompe dans la commune; ils seront en outre portés à la connaissance des habitants de la campagne, par le garde-champêtre qui fera procès-verbal de sa tournée (382).

Ils seront exécutoires provisoirement (372).

Les mesures et injonctions particulières du maire, seront notifiées au propriétaire par le garde-champêtre de la commune (387).

114. La valeur des bêtes qui auront été abattues sur l'ordre de l'autorité, pendant l'épizootie, sera fixée par le vétérinaire vérificateur, et payée, un tiers par le département, un tiers par la commune. L'autre tiers sera perdu par le propriétaire.

V. décret du 30 juin 1866.

115. *L'importation en France, des animaux domestiques dont l'entrée présenterait des dangers au point de vue d'une maladie contagieuse, pourra être interdite, ou subordonnée à telles mesures nécessaires pour prévenir l'invasion de la maladie.*

Des arrêtés du ministre de l'agriculture détermineront les frontières ou portions de frontières, où l'introduction et le passage en transit des animaux domestiques pourront être interdits, et les conditions auxquelles cette introduction et ce passage pourront être autorisés (422, n° 15).

V. décret du 3 septembre 1865.

SECTION III. — *Vices rédhibitoires.*

116. *Sont réputés vices rédhibitoires, et donneront seuls ouverture à l'action résultant de l'article 1641 du Code* *civil, dans les ventes ou échanges* volontaires *d'animaux domestiques ci-dessous dénommés, sans distinction des localités où les ventes et échanges auront eu lieu, les maladies ou défauts ci-après, savoir :*

Pour le cheval, l'âne et le mulet :

La morve ; — le farcin ; — l'immobilité ; — le cornage chronique, antérieur à la vente ; — *le tic,* avec ou sans usure de dents ; — *la boiterie intermittente pour cause de vieux mal ;* — la méchanceté ; — la rétiveté, caractérisée par le refus de l'animal de se laisser utiliser au service auquel sa conformation le rend propre.

Pour l'espèce bovine :

Les suites de la non-délivrance, — lorsque le part n'a pas eu lieu chez l'acheteur.

Pour l'espèce ovine :

La clavelée. Cette maladie reconnue chez un seul animal entraînera la rédhibition de tout le troupeau.

Le sang de rate. Cette maladie n'entraînera la rédhibition de tout le troupeau qu'autant que dans le délai de garantie, sa perte constatée s'élèvera au quinzième au moins des animaux achetés.

Si la perte reste au-dessous du quinzième, la rédhibition n'aura lieu que pour les animaux morts.

Dans ces deux cas, la rédhibition n'aura lieu que si le troupeau porte la marque du vendeur.

Pour l'espèce porcine :
La ladrerie.

V. art. 1, L. 26 mai 1838.

117. Les parties pourront convenir, qu'il n'y aura pas de garantie générale ou spéciale à tel cas déterminé, tout

comme elles pourront étendre la garantie à toutes autres
maladies ou défauts cachés.

En cas de dol ou de fraude, il sera accordé des dommages-intérêts, sans préjudice des peines correctionnelles,
s'il y a eu tromperie et artifice (395).

V. art. 1434, 1382, C. N.

118. *L'action en réduction du prix, autorisée par l'article 1644 du Code civil, ne pourra être exercée dans
les ventes et échanges d'animaux énoncés dans l'article
116.*

Art. 2, L. 1838.

119. *Le délai pour intenter l'action rédhibitoire sera,
non compris le jour fixé pour la livraison, de neuf jours*
francs.

Art. 3, L. 1838.

120. *Si la livraison de l'animal a été effectuée, ou s'il
a été conduit, dans les délais ci-dessus, hors du lieu du domicile du vendeur, ces délais seront augmentés* de celui
prescrit par l'article 1033 du Code de procédure civile,
suivant la distance entre *le domicile du vendeur et le lieu
où l'animal se trouve.*

Art. 4, L. 1838.

121. *Dans tous les cas, l'acheteur* ou échangiste, *à
peine d'être non recevable, sera tenu de provoquer, dans
les délais de l'article ci-dessus, la nomination* d'un ou trois
experts chargés de constater le vice rédhibitoire.

*La requête sera présentée au juge de paix du lieu où se
trouvera l'animal.* L'ordonnance fixera le jour où les experts devront procéder ; elle sera notifiée au vendeur, avec
sommation d'assister à l'expertise.

Les experts prêteront serment dévant le juge de paix avant d'opérer : ils feront rapport de leur opération et donneront leur avis.

V. art. 5, L. 1838.

122. *La demande sera dispensée du préliminaire de conciliation, l'affaire instruite d'urgence et jugée comme matière sommaire.*

Art. 6, L. 1838.

123, *Si, pendant la durée des délais ci-dessus et l'instruction de l'affaire, l'animal vient à périr. le vendeur ne sera pas tenu de la garantie, à moins que l'acheteur ne prouve que la perte de l'animal provient de l'une des maladies spécifiées en l'article 116.*

Art. 7, L. 1838.

124. *Le vendeur sera dispensé de la garantie résultant de la morve et du farcin, pour le cheval l'âne et le mulet, et de la clavelée pour l'espèce ovine, s'il prouve que l'animal depuis sa livraison, a été mis en contact avec d'autres animaux atteints de ces maladies.*

Art. 8, L. 1838.

LIVRE DEUXIÈME

EXERCICE DU DROIT DE PROPRIÉTÉ RURALE

TITRE Ier

CHAPITRE Ier — DESSÈCHEMENT DES MARAIS, ÉTANGS ET MARES.

125. L'État pourra procéder au dessèchement des marais, étangs ou mares, dépendant de son domaine, pour être plantés ou mis en culture.

Il prendra à cet effet, toutes les mesures propres à assurer le dessèchement et la salubrité publique, sous la direction du ministre de l'agriculture et des travaux publics, avec le concours du ministre des finances (D. R. 26).

L'État pourra aussi faire de ces dessèchements l'objet d'une concession, dont il déterminera préalablement les conditions. Le concessionnaire disposera ensuite à son gré des terrains desséchés, mais sans garantie.

Les communes ou sections de communes propriétaires, pourront en faire l'objet d'une concession ou d'une entreprise, dont les conditions seront réglées comme en matière d'aliénation de biens communaux, moyennant un prix en argent ou en terrains desséchés.

V. L. du 16 septembre 1807 et 23 juillet 1860.

126. Le gouvernement pourra également, dans l'intérêt de l'agriculture ou pour la salubrité, obliger les propriétaires de marais, étangs ou mares, de procéder à leur dessèchement, dans un délai déterminé, passé lequel il y pourvoira lui-même, soit directement, soit par voie de concession, soit par voie d'entreprise, en faisant déterminer par le conseil d'État, sur expertise, quelle sera la portion des terrains desséchés qui reviendra au propriétaire pour son droit de propriété.

127. Les propriétaires, concessionnaires ou entrepreneurs d'un marais, étang ou mare, qui voudront procéder à son dessèchement, pour le livrer à la plantation ou à la culture, se conformeront aux dispositions suivantes.

128. Le dessèchement aura lieu dans le délai et sous les conditions qui seront déterminés par un décret impérial rendu en conseil d'État, lequel prescrira aussi toutes les mesures de salubrité et de sûreté à ce nécessaires (162).

129. La demande en dessèchement sera accompagnée d'un plan, indiquant l'étendue et la figure du marais à dessécher, les profils et nivellements, les propriétés limitrophes, leur état, le nom des propriétaires, les moyens que l'on se propose de prendre pour arriver au dessèchement ou au comblement, à la plantation ou à la culture, une estimation actuelle et future des terrains à dessécher.

Il sera joint à la demande le titre de concession ou de propriété, ainsi que l'acte d'association, d'entreprise ou de syndicat des impétrants.

V. art. 6, L. 1807.

130. Cette demande, avec les pièces à l'appui, sera transmise à l'administration des ponts et chaussées pour être instruite, au conseil d'hygiène publique de l'arrondissement (1) dans lequel le dessèchement doit être opéré, au conseil municipal et au conseil général, pour avoir leur avis.

L'administration des ponts et chaussées fera au besoin un nouveau plan, elle cotera les profils et nivellements qu'elle aura constatés ; elle indiquera les voies et moyens pour arriver au dessèchement, en conciliant le mieux possible, l'intérêt public avec celui des demandeurs et des propriétaires ; elle donnera son avis sur les estimations présentes et futures, sur le produit approximatif des terrains desséchés (D. R. 27).

131. Les frais de l'instruction et des vérifications à faire, ainsi que ceux de l'obtention de l'autorisation, seront à la charge des demandeurs.

132. Les travaux de dessèchement seront surveillés par l'administration des ponts et chaussées.

Ils seront reçus par un employé supérieur de cette administration, désigné par le décret d'autorisation (157).

133. Si, pendant le cours des travaux, les concessionnaires ou propriétaires ne se conforment pas aux conditions

---

(1) Institué par décret du 18 décembre 1848.

de l'autorisation, s'ils ne mènent pas à fin l'entreprise, après une mise en demeure, ils seront déclarés déchus de leur autorisation par un décret qui pourra accorder la concession à un autre, sous les charges et conditions nouvelles que ce second décret lui imposera (135).

134. Après la réception des travaux, les concessionnaires ou les propriétaires disposeront, comme ils le voudront, des terrains desséchés, afin qu'ils soient plantés ou cultivés dans le délai qui leur aura été départi.

Ces terrains seront portés au terrier communal, avec les divisions qu'ils auront subies, ainsi que le nom des propriétaires ou emphytéotes auxquels ils auront été cédés (136).

135. Si les marais concédés ne sont pas plantés ou cultivés dans le délai prescrit, l'État reprendra la concession pour en disposer lui-même ainsi qu'il avisera, après une mise en demeure restée sans effet (133, 241).

136. Ces propriétés ainsi plantées ou cultivées entreront dans le domaine privé, elles pourront être l'objet de tous les actes et contrats civils. Elles seront régies par les lois sur la propriété privée (134).

CHAPITRE II. — ENDIGUEMENT DE LA MER, DES FLEUVES, RIVIÈRES ET AUTRES COURS D'EAU. — COLMATAGE.

137. L'État pourra procéder, par décret impérial, à l'endiguement des lais et relais de la mer, des fleuves et rivières navigables ou flottables, soit directement et en

régie, soit par voie d'adjudication, soit par voie de concession, à l'effet de livrer à la culture les terrains ainsi conquis (D. R. 26).

V. art. 44, L. 16 septembre 1807.

138. Le ministre de l'agriculture et des travaux publics prendra à cet effet, de concert avec le ministre des finances, toutes les mesures propres à arriver à un endiguement solide et durable, par des digues, des défenses transversales, des épis, ou tous autres moyens propices.

139. Il fera déterminer par le conseil d'État la ligne séparative des lais et relais de la mer, du lit des fleuves et rivières, d'avec les propriétés riveraines, sur un plan dressé par l'administration des ponts et chaussées, après enquête administrative dans les communes de la situation, sur l'avis du conseil général, sur les oppositions qui pourront être faites.

L'enquête aura lieu, devant un délégué du ministre, après une insertion au journal de la localité et une affiche dans les communes, indiquant les jour, lieu et heure de l'enquête, ainsi que sa durée.

140. Le plan, l'enquête et l'avis porteront, au-delà de la limite du lit du fleuve, trois zones de propriétés privées, représentant les trois degrés de danger auquel ces propriétés sont exposées par l'inondation des eaux.

V. art. 2, L. 14 floréal an XI

Ces trois zones seront soumises à un impôt proportionné à ce danger. Cet impôt sera déterminé par un rapport des ponts et chaussées, soit quant à sa quotité, soit quant à sa durée, en prenant pour base les dépenses d'endi-

guement et la plus-value des terrains conquis ou préservés.
Il sera définitivement fixé et établi par décret rendu en
conseil d'État, déclaré recouvrable comme les impôts
directs.

Les conditions, l'exécution, la surveillance et la réception
des travaux, seront réglés comme au chapitre précédent.

141. Les terrains ainsi gagnés, appartiendront à l'État
qui en disposera au profit du concessionnaire des travaux,
ou de toute autre manière, sans aucune garantie.

142. Les propriétaires riverains des autres cours d'eau
publique, pourront aussi procéder à cet endiguement, soit
individuellement, soit collectivement. Ils deviendront ainsi
propriétaires des terrains mis à l'abri des eaux.

143. Ils ne procèderont à ces travaux, qu'après en avoir
fait la demande et obtenu l'autorisation du préfet, lequel
prononcera sur un plan dressé par l'ingénieur, sur l'avis du
conseil municipal des communes des deux rives, sur une
publication et une insertion au journal.

Le plan sera accompagné d'un cahier des charges,
contenant les conditions dans lesquelles les travaux seront
faits ; il figurera exactement la ligne de l'endiguement
(D. R. 27).

144. Les travaux seront reçus par l'ingénieur qui dressera procès-verbal de leur état (157).

145. Les riverains d'un cours d'eau privée, pourront
procéder à son endiguement sans aucune autorisation, mais
à la condition que les travaux d'endiguement ne seront
pas offensifs contre les autres propriétaires (157), et en

laissant au cours d'eau toute la largeur des hautes eaux (164).

146. Ceux qui auront pratiqué un endiguement, pourront faire colmater les terrains qu'il comprend, au moyen des eaux endiguées, ou d'autres eaux conduites dans ces terrains par des travaux ou aqueducs, qui seront exécutés sous les mêmes conditions que celles de l'endiguement.

147. Les terrains obtenus par le dessèchement ou l'endiguement, seront affranchis d'impôt pendant vingt-cinq ans, à dater de leur mise en culture ou de leur plantation.

V. L. 26 décembre 1790. 5 janvier 1791, art. 11, 3 frimaire an vii, art. 111.

CHAPITRE III. — Établissement d'étang.

148. Quiconque voudra établir un étang dans ses propriétés, sera tenu d'en rapporter l'autorisation préalable du préfet du département (162, D. R. 26, 28).

Cette autorisation ne sera accordée que s'il n'y a pas nocuité pour les propriétés riveraines, ni danger pour la santé publique, et si les eaux qui doivent alimenter l'étang sont rendues à la sortie à leur cours naturel, à moins que le propriétaire n'eût le droit de disposer de ces eaux.

149. La demande en autorisation, sera accompagnée du titre de propriété des biens sur lesquels l'étang est projeté; elle contiendra l'indication de toutes les propriétés riveraines, des travaux à faire pour contenir les eaux et

en régler l'écoulement, celle de leur emploi, ainsi que des profondeurs diverses de l'étang.

150. Cette demande sera communiquée au conseil municipal de la commune qui donnera son avis, au comité d'hygiène publique (¹) ; elle sera publiée dans le journal de l'arrondissement et dans la commune, soumise à une enquête de *commodo et incommodo*, devant un délégué du préfet.

151. La demande sera instruite par un employé des ponts et chaussées, lequel la vérifiera dans ses détails ; il fera au besoin un nouveau plan et un rapport, contenant les diverses conditions de la création de l'étang (D. R. 27).

152. L'autorisation du préfet fixera la hauteur des eaux, la plus haute et la plus basse ; il sera placé dans l'étang, à cet effet, un repère régulateur. Il fixera aussi définitivement, les conditions de l'établissement de l'étang et de l'emploi des eaux.

Les travaux seront reçus par un employé des ponts et chaussées.

153. L'étang peut toujours être desséché, en se conformant aux dispositions des articles 127 et suivants.

---

(1) Institué par décret du 18 décembre 1848.

TITRE II

—

DES COURS D'EAU

—

CHAPITRE Ier — DISPOSITIONS GÉNÉRALES.

154. Les cours se divisent en cours d'eau publique et en cours d'eau privée.

Les cours d'eau publique sont, les fleuves et rivières navigables ou flottables, les rivières non navigables ou flottables, les torrents, les grands canaux et leurs dépendances.

Les cours d'eau privée sont les ravins, les fossés, les canaux particuliers qui ne portent que des eaux privées.

155. Le ministre de l'agriculture et des travaux publics détermine, par un arrêté dûment approuvé par l'Empereur, quels sont les fleuves, rivières navigables ou flottables, les grands canaux de navigation, d'alimentation ou d'irrigation qui sont une dépendance *du domaine public*, et jusqu'à quel point ils s'étendent.

Le préfet détermine, dans chaque département, par un arrêté dûment approuvé par le ministre de l'agriculture et des travaux publics, quelles sont les rivières non navigables ni flottables, les torrents et canaux secondaires qui constituent des cours *d'eau publique*, et jusqu'à quel point ils s'étendent (368 § 5).

Dans ces canaux se trouvent compris tous ceux qui portent des eaux publiques, s'ils ont été régulièrement autorisés.

Tous les autres cours d'eau, sont des cours *d'eau privée*, appartenant aux riverains, à moins que la propriété ne soit établie au profit d'un autre. Entre les riverains, le lit du cours d'eau privée, est présumé leur appartenir par moitié.

Les arrêtés ci-dessus, pourront être rapportés ou modifiés, mais sans effet rétroactif sur ce qui aurait été légalement fait.

156. Les autorités administratives doivent rechercher les moyens d'assurer le libre écoulement des eaux, de protéger les propriétés riveraines contre les débordements et les inondations, d'utiliser les eaux et d'en régler l'emploi, de la manière la plus utile à l'agriculture et à l'industrie.

Dans cet objet, tous pouvoirs leur sont donnés suivant leurs attributions et compétence.

V. L. Inst. du 12 août 1790, chap. VI § 3.

157. Toutes les difficultés relatives aux cours d'eau publique, sont de la compétence des tribunaux administratifs (132, 144, 242).

Toutes celles qui se rapportent aux cours d'eau privée, seront soumises à la juridiction ordinaire (145, 242, 162).

V. décret du 22 brumaire an xiv; décret du 28 novembre 1809.

CHAPITRE II. — DES DÉFENSES CONTRE LES COURS D'EAU.

158. L'État, ses entrepreneurs ou concessionnaires, pourront élever contre la mer ou contre les cours d'eau navigables ou flottables, des défenses de toute nature.

Les communes, les syndicats, les particuliers soit collectivement, soit individuellement, pourront élever des défenses pareilles, contre les rivières non navigables ni flottables et les torrents.

159. Ces défenses ne pourront être faites, que sur une autorisation du ministre de l'agriculture et des travaux publics, s'il s'agit d'un cours d'eau dépendant du domaine public, du préfet du département pour un cours d'eau publique (162).

Lorsque l'État procède à des défenses contre la mer ou les fleuves et rivières navigables ou flottables, il peut imposer les propriétaires riverains qui profiteront de ces travaux, proportionnellement à leur intérêt (140).

160. Cette autorisation ne sera donnée, qu'après que la demande de faire ces défenses aura été publiée, affichée, insérée au journal, soumise à enquête administrative, instruite par l'administration des ponts et chaussées, et sur l'avis du conseil général pour la première, du conseil municipal pour la seconde (D. R. 27).

161. Les travaux seront exécutés conformément à l'autorisation, sous la surveillance des ponts et chaussées ; ils seront reçus par l'ingénieur délégué du ministre ou du préfet.

162. Malgré l'autorisation intervenue régulièrement pour faire des dessèchements, des étangs, des endiguements ou des défenses contre les cours d'eau publique, si une propriété éprouve un dommage des travaux autorisés et exécutés, les tribunaux judiciaires devront accorder une indemnité proportionnée au dommage (128, 143, 148, 157).

V. art. 4, L. 28 pluviôse, an VIII.

163. Sur un cours d'eau privée, chaque riverain a le droit de faire des ouvrages défensifs de sa propriété, à la condition qu'ils ne seront pas *offensifs* contre la propriété d'autrui, et en laissant au cours d'eau toute la largeur des hautes eaux (145).

CHAPITRE III

---

§ 1. *Usage des cours d'eau.*

164. Les concessionnaires de l'État, les communes, les syndicats, les associations ou les particuliers, ne pourront faire aucune prise, barrage, ou autre ouvrage destiné à prendre les eaux d'un cours d'eau publique, dans un intérêt public, agricole ou industriel, qu'après en avoir obtenu l'autorisation de l'administration, suivant la distinction, dans les formes et après les formalités indiquées dans les articles 159 et suivants (206, D. R. 27).

V. art. 4, t. 1, sect. 1, L, 6 octobre 1791, L. 1er décembre 1790, 20 août 1790, 10 ventôse an VI, L. 7 juillet 1833, art. 3, art. 644 C. N.

165. Tout riverain d'un cours d'eau privée, pourra aussi établir un barrage, en payant l'appuyage sur l'autre rive (33), à la condition de ne pas changer le niveau des eaux d'une manière nuisible aux propriétés supérieures ou inférieures; il pourra construire une prise d'eau, s'il a le droit de disposer des eaux, conformément aux règles du Code Napoléon.

Art. 644, C. N.

166. Les riverains d'un tel cours d'eau, pourront également se concerter ou se syndiquer, pour faire des prises d'eau, et s'en servir pour l'irrigation ou l'utilité des usines, sous les mêmes conditions (206).

167. Les canaux dérivant les eaux d'un cours d'eau publique, seront régis par un règlement général administratif fait par le ministre sur les grands canaux, par les préfets sur les canaux secondaires.

Ce règlement contiendra tout ce qui peut être relatif à la prise des eaux, à leur surveillance, à leur emploi et distribution, à la hauteur des eaux ; — à l'établissement, à la conservation, à la tenue du canal ; — à l'écoulement et à la vidange des eaux (368 § 6, 425, n° 18).

L. 19 pluviôse an vi, art. 11 et 12.

168. Les canaux et fossés particuliers de dessèchement, d'irrigation, seront ouverts et entretenus à frais communs des propriétaires ; ceux-ci seront responsables indivisiblement, de tous les dommages qui pourraient être causés par les eaux, sauf recours contre l'auteur du dommage.

Ils feront entre eux la division des eaux, et pourront former une association, qui règlera leurs droits et obligations réciproques ; à défaut d'acte, ils seront régis par les règles ordinaires des sociétés civiles (206).

§ 2. *Des eaux pluviales*.

169. Les eaux pluviales et toutes celles qui découlent naturellement, appartiennent à ceux sur la propriété desquels elles tombent.

Ils peuvent les réunir et les employer suivant leur

gré, ou les déverser dans un cours d'eau riverain ; à défaut, ils doivent les laisser à leur cours naturel, sans pouvoir les réunir et les jeter sur les propriétés inférieures.

V. art. 640, C. N.

170. Les voisins de chemins, de propriétés communales ou publiques, doivent recevoir les eaux naturelles qui en découlent, et en user comme il est dit à l'article précédent (425, nº 11).

V. art. 479, nº 44, § 2, C. P.

171. Après un orage ou une inondation, chacun est autorisé à aller reprendre les objets mobiliers ou les récoltes que les eaux, ou toute autre cause de force majeure, aura portés sur la propriété d'autrui, sauf l'indemnité de passage s'il y a lieu.

Tout propriétaire sera tenu de nettoyer ses fossés d'écoulement, et de remettre les lieux dans l'état où ils étaient avant la crue des eaux, sous peine de responsabilité envers les propriétaires inférieurs.

TITRE III

—

DES USINES.

172. Tout riverain d'un cours d'eau pourra y établir une usine, et se servir des eaux qui y coulent, pour le service de cette usine.

173. L'usine ne pourra être établie sur un cours d'eau publique, qu'avec l'autorisation du ministre de l'agriculture ou du préfet, suivant la distinction établie et les formalités portées aux articles 160 et suivants (368 § 8, 425, n° 18, D. R. 27).

L'autorisation réglera la hauteur de la prise ou de la chute, le volume des eaux dérivées, le lieu et le mode de prise et de retour au cours d'eau. Elle sera toujours révocable.

174. L'autorisation n'est pas nécessaire sur les cours d'eau privée, mais l'usine ne sera établie qu'à la condition de ne porter aucun préjudice aux autres riverains, et de se conformer aux règles sur la propriété des eaux privées (155, 165, 166).

175. Le propriétaire d'une usine est présumé propriétaire du biez ou canal qui en contient les eaux, et de ses francs-bords, à moins de titre ou de présomption contraire. L'entretien et le curage de ce canal sont à sa charge.

Si ce biez ou canal sert en même temps à l'irrigation des propriétés riveraines, sa propriété est présumée commune à l'usinier et aux riverains ; l'entretien leur sera commun, suivant le titre ou l'usage ancien.

A défaut, chaque riverain arrosant fera le curage en droit de sa propriété et entretiendra sa prise, l'usinier sera chargé du surplus (49).

176. L'écluse d'une usine et ses frands-bords sont une dépendance de l'usine ; il ne peut y être fait aucune prise ou ouvrage quelconque sans l'autorisation du propriétaire de l'usine, à moins de titre ou de possession contraire.

177. Les riverains inférieurs au canal de fuite d'une usine, ne peuvent pas élever le cours de l'eau, de manière à nuire au fonctionnement de l'usine.

178. L'établissement d'une usine ne peut porter aucune atteinte aux droits des tiers, résultant de la situation des lieux, de titres ou de la prescription.

TITRE IV

BIENS COMMUNAUX. — TERRES VAINES ET VAGUES.

179. Les communes sont présumées propriétaires des terres vaines et vagues, landes, bruyères, gastes, hermes, vacants, guarigues, et en général de tous les terrains qui ne sont plus en état de culture depuis trente ans (¹), s'il n'y a titre ou preuve du contraire, et si ces terrrains ne constituent pas des clairières de bois particuliers.

V. art. 542, C. N.

180. Ces terrains, soit communaux, soit particuliers, ne seront soumis au profit de communes ou de particuliers, à aucun droit de pâturage, de dépaissance, de compascuité, de relargage, ou autre de cette nature, que s'il y a un titre, ou possession équivalente à titre.

---

(1) Voir décrets du 6 août 1766, et 12 avril 1767. — Lois du 28 août 1792, articles 8 et 9, du 10 juin 1793, section 4, article 1.

Il y a possession équivalente à titre, lorsqu'elle résulte d'un usage immémorial, constaté par des documents écrits tels que rôles payants de pâturage, délibérations et règlements y relatifs, ou autres.

181. Le droit de pâturage peut toujours être cantonné ou racheté par le propriétaire, moyennant la cession d'une portion de terrain soumise à ce droit, ou une juste et préalable indemnité, à fixer par les tribunaux en cas de contestation.

Le terrain cédé ou l'indemnité, seront d'une valeur égale au capital net du droit de pâturage.

182. Le droit de pâturage des habitants sur les communaux, sera réglé par une délibération municipale, dûment approuvée et publiée. Il pourra faire l'objet d'une taxe communale.

Quant au droit de pâturage d'une commune sur une autre, de particulier sur particulier où sur commune, et réciproquement, il est réglé conformément au titre qui l'établit, à sa possession et aux principes du Code Napoléon.

Le tout indépendamment des prescriptions générales des articles 103 et suivants du présent Code.

V. art. 629 C. N.

183. Dans le cas où des terres vaines et vagues seraient indivises entre plusieurs communes, il sera procédé à leur partage, sur la demande de l'une de ces communes, d'après les règles du Code Napoléon en matière de partage, en prenant pour base de la division le nombre de feux domiciliés dans chacune de ces communes, au moment du partage.

Après le partage, les habitants ne pourront plus exercer de droit que sur la portion qui aura été départie à chaque commune.

184. Chaque commune peut être autorisée à vendre, à donner à emphytéose, ou à diviser ses terres vaines et vagues entre ses habitants, à l'effet d'être défrichées, et mises en culture. Cette autorisation donnée par l'autorité compétente règlera les conditions de la vente, de l'emphytéose, du partage, de la mise en culture.

Le partage entre habitants sera fait administrativement, par les soins de la commune, aux frais des copartageants, et porté au terrier.

La division entre les habitants se fera par feu domicilié. Le délai pour la mise en culture étant passé, la fraction non défrichée reviendra à la commune.

Le procès-verbal du partage communal, indiquera toutes les conditions de ce partage, les lots formés, les servitudes à établir, les travaux généraux à faire, et autres. Chaque copartageant sera tenu de s'y conformer, sous peine de privation de son lot, sur une simple sommation de la commune.

185. Les terrains ainsi défrichés, sont exempts d'impôt pendant vingt-cinq ans.

Les actes de transmission ou de division de ces terrains par la commune, seront enregistrés gratis.

186. Les règles ci-dessus s'appliquent aux terres incultes des sections de commune.

TITRE V

—

DES VOIES RURALES

—

CHAPITRE Iᵉʳ — CHEMINS RURAUX.

187. Le préfet, pour les communes de mille âmes et au-dessus, le sous-préfet pour les autres communes, déclarera d'utilité publique, les chemins de quartier qui serviront à un grand nombre de parcelles (D. R. 29).

Cet arrêté s'appliquera à l'ouverture, l'élargissement ou à la rectification d'un chemin, ou d'une carraire. (¹)

188. L'arrêté déclarant l'utilité publique, fixera la largeur et le tracé du chemin rural, son point de départ et son point d'arrivée (D. R. 30).

189. La demande en ouverture, élargissement ou rectification d'un chemin rural, sera faite, instruite et exécutée, conformément aux règles des associations syndicales autorisées, du titre VI du présent livre (D. R. 31).

190. Lorsqu'une propriété limitrophe du chemin rural, n'aura pas un accès direct, suffisant ou commode, sur ce chemin ou sur un autre, le propriétaire pourra obtenir un passage sur les autres propriétés rurales intermédiaires non closes, au lieu le plus commode et le moins domma-

---

(1) Nom que l'on donne, dans le midi de la France, aux chemins de troupeaux.

geable, moyennant une juste et préalable indemnité (55).

Cette propriété sera imposée comme si elle avait ce droit de passage, mais eu égard à sa distance du chemin, et à la servitude de passage à acquérir amiablement ou judiciairement.

191. Les contestations auxquelles pourront donner lieu l'établissement de cette servitude, la fixation du parcours, sa dimension, l'indemnité due aux propriétaires traversés, seront portées devant le juge de paix qui, en prononçant, devra concilier l'intérêt de l'opération, avec le respect dû à la propriété; il prononcera en premier ressort (39, 196, 204, 226).

Il pourra refuser le passage, si le fonds à ouvrir n'est pas enclavé, ou si l'avantage du passage pour aboutir au chemin rural, n'est pas supérieur au dommage qu'il peut occasionner aux terrains traversés.

S'il y a lieu à expertise, il pourra n'être nommé qu'un seul expert.

192. Les chemins ruraux sont publics; ils seront imprescriptibles à partir de leur réception.

193. L'autorité municipale est chargée de la surveillance et de la police des chemins ruraux, à l'égal des chemins communaux (374, 425, n° 11).

Le service et la surveillance des chemins ruraux passera à l'administration de la petite voirie, dès qu'ils auront été déclarés communaux.

194. L'entretien des chemins ruraux est à la charge de la commune, du jour de leur réception.

Cependant elle pourra exiger des propriétaires intéressés,

des prestations particulières ou des tâches, pour la réparation de ces chemins. Le tout sera règlé par une délibération du conseil municipal approuvée par le préfet.

195. Les chemins ruraux seront portés au cadastre (D. R. 59).

Il en sera fait un état tous les dix ans, dans un arrêté du maire qui sera publié et affiché dans la commune, après due approbation (371).

Il sera placé des bornes kilométriques particulières, sur tous les chemins ruraux.

196. En cas d'impraticabilité temporaire d'un chemin public, les passants sont autorisés à traverser les propriétés particulières limitrophes, non closes, non ensemencées ou couvertes de récoltes, à l'endroit le moins dommageable, sauf indemnité à la charge de celui qui est ténu de l'entretien de ce chemin, à régler par le juge de paix, si besoin est (20, 59, 191, 204).

V. art. 44, L. 6 octobre 1791.

197. En cas d'exploitation d'une mine, carrière, usine, coupe de bois, chantier, ou de toute autre entreprise industrielle, agricole ou autre, donnant lieu à un charroi extraordinaire sur un chemin rural, il sera dû par l'exploitant une indemnité spéciale d'entretien et de réparation, qui sera fixée au besoin par experts, suivant l'article 226.

V. art. 7, L. 28 juillet 1824. — Art. 14 L. 25 mars 1836.

198. Il ne pourra être fait une clôture sur le bord des chemins ruraux, qu'à une distance égale à la moitié de ces chemins, sans toutefois que cette distance dépasse

deux mètres cinquante centimètres de l'axe du chemin à la clôture, à la charge de suivre l'alignement donné par l'autorité municipale, et d'abandonner le délaissé à la voie publique, moyennant une indemnité à fixer conformément à l'article 226 (162).

CHAPITRE II. — DES CARRAIRES.

199. Les carraires ou chemins de troupeaux, qui conduisent à un pâturage communal de quartier, ou commun à plusieurs, seront établies, agrandies ou rectifiées, conformément aux règles et formes qui régissent le chemin rural, et qui peuvent s'y appliquer d'après leur destination (D. R. 29).

Le minimum de leur largeur sera de cinq mètres et le maximum de dix mètres.

CHAPITRE III. — DES CHEMINS PRIVÉS.

200. Les chemins et sentiers, qui ne desservent que quelques propriétés particulières sont privés ; ils appartiennent en commun aux propriétaires qui s'en servent ; ils ne peuvent pas être partagés, ni licités ; ils ne sont pas publics ; ils peuvent être fermés.

201. L'entretien de ces chemins est à la charge des copropriétaires, dans la proportion de l'intérêt qu'ils y ont (57).

Chaque propriétaire a le droit d'exiger qu'ils soient

maintenus en état de viabilité, à frais ou travail propor-
tionnels, avec faculté de renoncer à la copropriété pour
être dispensé de l'entretien.

202. La largeur de ces chemins doit être fixée d'après
l'entrée, la sortie et la largeur moyenne du chemin, à
moins qu'il n'y ait titre ou marque du contraire.

A défaut d'indication suffisante, ils seront d'un mètre de
largeur pour gens et bêtes, de trois mètres pour voitures
et charrettes.

Il ne pourra être fait de plantations sur le bord de ces
chemins, qu'à la distance légale des propriétés privées ;
aucune clôture n'y sera faite qu'à la distance de la moitié
de ces chemins, jusqu'à un mètre cinquante centimètres
ou deux mètres cinquante centimètres de l'axe du chemin,
suivant qu'il s'agit de l'un ou de l'autre des passages ci-
dessus (43, 46, 198).

203. La dimension et l'assiette de ces chemins, ne peuvent être établies ou changées, que du consentement de
tous ceux qui s'en servent.

204. Les juges de paix statueront sur tout ce qui est
relatif à l'entretien des chemins privés (20, 39, 57, 191,
196).

205. Celui qui aura un droit de passage à titre de servitude, devra contribuer à l'entretien du chemin privé ;
s'il ne contribue pas à l'élargissement, au changement ou à
l'amélioration du chemin, il ne pourra réclamer que son
droit de servitude, tel qu'il existait auparavant (57).

TITRE VI

ASSOCIATIONS SYNDICALES

CHAPITRE Ier — DISPOSITIONS GÉNÉRALES.

206. *Peuvent être l'objet d'une association syndicale, entre propriétaires intéressés, l'exécution et l'entretien :*

1° De défenses contre les rivières non navigables et torrents (158) ;

2° *De curage, approfondissement, redressement et régularisation des canaux et cours d'eau non navigables ni flottables, et des canaux de dessèchement et d'irrigation* (1677);

3° *Des étiers et ouvrages nécessaires à l'exploitation des marais salants ;*

4° *D'assainissement des terres humides et insalubres ;*

5° D'endiguement des rivières non navigables, torrents et fossés (142); d'irrigation (30, 166, 168) et de colmatage (146) ;

6° *De drainage (55) ;*

7° *De chemins* ruraux et carraires *(187); — et de toute autre amélioration agricole, ayant un caractère d'intérêt collectif* (D. R. 50).

V. L. du 21 juin 1865, art. 1.

207. *Les associations syndicales sont libres, ou autorisées.*

Art. 2, L. 1865.

208. *Elles peuvent ester en justice par leurs syndics,
acquérir, vendre, échanger, transiger, emprunter et hypothéquer*, en se conformant aux prescriptions de leurs
statuts pour la validité do ces actes, et avec l'autorisation
du préfet pour les associations autorisées.

V. art. 3, L. 1865.

209. *L'adhésion à une association syndicale est valablement donnée par les tuteurs, par les envoyés en possession provisoire, et par tout représentant légal, et pour les
biens des mineurs, des interdits, des absents et autres incapables, après autorisation du tribunal..., donnée sur simple
requête en la chambre du conseil, le ministère public entendu. Cette disposition est applicable aux immeubles do-
taux et aux majorats.*

Art. 4, L. 1865.

210. Ces associations sont soumises aux règles des sociétés civiles, excepté pour tout ce qui est relatif aux auto-
risations et formalités administratives, à moins que les
intéressés ne se soient formellement soumis aux règles des
sociétés de commerce, dans leur acte constitutif publié
conformément à cette loi.

CHAPITRE II. — Des associations libres.

211. *Les associations syndicales libres se forment sans
l'intervention de l'administration.*

*Le consentement unanime des associés doit être constaté
par écrit.*

L'acte d'association spécifie le but de l'entreprise, il règle le mode d'administration de la société, et fixe les limites du mandat confié aux administrateurs et syndics ; il détermine les voies et moyens nécessaires pour subvenir à la dépense, ainsi que le mode de recouvrement des cotisations.

Art. 5, L. 1865.

212. *Un extrait de l'acte d'association devra, dans le délai d'un mois à partir de sa date, être publié dans un journal d'annonces légales de l'arrondissement, ou, s'il n'en existe aucun,* dans le journal du chef-lieu du département. *Il sera, en outre, transmis au préfet et inséré dans le recueil des actes de la préfecture.*

Art. 6, L. 1865.

213. *A défaut de publication dans un journal d'annonces légales, l'association ne jouira pas du bénéfice de l'article 208. L'omission de cette formalité ne peut être opposée aux tiers par les associés.*

Art. 7, L. 1865.

214. *Les associations syndicales libres peuvent être converties en associations autorisées par arrêté préfectoral, en vertu d'une délibération prise par l'assemblée générale, conformément à l'article 222 ci-après, sauf les dispositions contraires qui pourraient résulter de l'acte d'association.*

Elles jouissent dès lors, des avantages accordés à ces associations par les articles suivants.

Art. 8, L. 1865.

CHAPITRE III. — Des associations autorisées.

215. *Les propriétaires intéressés à l'exécution des travaux spécifiés dans l'article 206, peuvent être réunis, par arrêté préfectoral, en association syndicale autorisée, sur la demande des intéressés.*

Art. 9, L. 1865.

216. Cette demande pourra être faite, soit par le conseil municipal, soit par le maire de la commune sur le territoire de laquelle ces travaux doivent être effectués, soit par une pétition de cinq au moins des intéressés, adressée au préfet ou au sous-préfet.

La demande indiquera sommairement le but, la consistance des travaux à exécuter, le nombre des propriétaires intéressés, l'étendue des propriétés qui doivent en profiter, le chiffre approximatif de la dépense (D. R. 51).

217. Dans le cas où la demande s'étendrait à plusieurs communes, il suffirait qu'elle fût faite par l'une des communes intéressées, ou par cinq des propriétaires de l'une ou de l'autre commune.

Dans le cas d'une demande particulière, la demande serait communiquée au maire et au conseil municipal de cette commune pour donner leur avis ; dans le cas d'une demande intéressant plusieurs communes, elle sera communiquée à toutes les communes pour avoir leur avis.

218. Si les deux communes sont situées dans deux départements différents, le ministre de l'agriculture désignera le préfet qui devra suivre la demande.

219. Sur ces demande et avis, le préfet, ou le sous-préfet délégué, dira s'il y a lieu de donner suite à la demande (D. R. 29, 55).

En cas d'affirmative, la demande sera déposée dans chacune des communes désignées ; elle y sera publiée par extrait et insérée au journal de l'arrondissement, à défaut dans celui du chef-lieu (255).

220. Un mois après ces publications et affiches, le préfet ou le sous-préfet choisira, pour instruire la demande, étudier le projet, faire le plan ou le tracé et le devis estimatif, un agent des ponts et chaussées ou de la petite voirie, trois au moins des propriétaires intéressés au projet, et deux membres du conseil municipal de chacune des communes de la situation, sous la direction et la présidence du sous-préfet ou du maire de l'une de ces communes, désigné par le préfet ou par le sous-préfet délégué.

Il sera tenu procès-verbal par cette commission, de toutes ses opérations (D. R. 55).

Le plan et le devis, seront annexés au procès-verbal, lequel fera mention des oppositions faites par deux membres au moins.

La commission procédera quand elle sera en majorité. Elle indiquera les propriétaires et les propriétés qui profiteront des travaux, elle fixera les zones imposables (¹) et la quotité des sommes à imposer, elle fera le compte détaillé des dépenses, elle présentera toutes les observations et explications qui pourront permettre à l'autorité supérieure d'arrêter toutes les conditions de la décision à prendre.

---

(1) V. art. 9 L. 16 septembre 1807, art. 2 L. 11 floréal an xi.

221. Le tracé ne pourra comprendre que des terrains ouverts au moment de la publication du premier arrêté. Les constructions et les enclos ne pourront pas y être compris, à moins que ce ne soit du consentement du propriétaire, constaté par son approbation écrite au procès-verbal.

Toutes les pièces seront envoyées au sous-préfet, pour donner son avis et les transmettre au préfet, ou pour prononcer sur la demande, s'il a compétence.

Il pourra être ordonné un supplément d'instruction à faire par la même commission.

222. Après l'arrêté d'utilité, il sera formé une deuxième commission pour l'exécution du projet, elle prendra le nom de SYNDICAT. L'arrêté d'utilité fixera le nombre des syndics; ils seront pris parmi les intéressés; ce nombre sera de cinq, sept ou neuf membres.

La publication de cet arrêté emportera l'expropriation des terrains compris dans le tracé des travaux à exécuter.

Le plan restera annexé à l'arrêté d'utilité.

223. Le syndicat sera nommé par le préfet qui désignera le président et le secrétaire.

Le président est chargé de le réunir, de le présider et de faire exécuter ses décisions régulières. Il sera tenu de le faire délibérer à toute réquisition de l'administration, ou sur la demande de deux des membres du syndicat.

Le secrétaire est chargé de toutes les écritures (D. R. 34, 35).

224. Le syndicat tiendra procès-verbal de ses délibérations, dont il sera envoyé copie au préfet qui pourra les infirmer. Elles ne seront valables, que lorsqu'elles auront été prises par la majorité du syndicat, et approuvées.

225. Le syndicat *d'exécution* du projet, arrêtera définitivement le devis en dépenses et les cotisations (8).

Les cotisations pourront être fixées par catégories ou zones, suivant l'intérêt et l'utilité de chaque propriété.

Le préfet ou le sous-préfet, fixera les époques auxquelles les prestations en nature devront être faites, le mode de leur emploi en tâches; il statuera en même temps sur tout ce qui est relatif à la confection des rôles, à la comptabilité, à la forme et aux formalités des adjudications, ou au mode de confection des travaux.

Les emprunts pourront être remboursables au moyen des cotes annuelles (318).

La commune devra fournir une subvention proportionnée à l'intérêt communal.

Le percepteur est le trésorier de l'association (D. R. 36).

226. Le syndicat traitera à l'amiable avec les propriétaires, pour l'achat des terrains nécessaires aux travaux. Le traité devra être approuvé par le préfet ou le sous-préfet délégué (D. R. 37).

En cas de discord, la valeur en sera fixée par deux experts choisis, l'un par le propriétaire, l'autre par le syndicat ; si les deux experts ne s'accordaient pas sur l'indemnité, ou si le propriétaire refusait de désigner le sien, il leur serait adjoint un troisième expert dans le premier cas , dans le second, il serait nommé deux experts, par le juge de paix de la situation.

Le procès-verbal des experts sera déposé au greffe de la justice de paix ; il vaudra vente pour les deux parties, au moyen de l'ordonnance d'exécution du juge de paix, laquelle prononcera sur les dépens. En cas de difficulté, il en sera référé au juge de paix qui décidera en premier ressort (39, 191).

Le terrain ne pourra être occupé qu'après le paiement de l'indemnité, à moins que le propriétaire n'y consente (38).

227. Les maris, tuteurs ou autres administrateurs d'incapables, pourront consentir la vente amiable des terrains compris dans les travaux, et en retirer le prix sous leur responsabilité légale, jusqu'à la somme de trois cents francs, d'après l'évaluation du devis (220), sans être tenus à emploi.

En sus de trois cents francs, il sera procédé par experts comme en l'article précédent, et le prix sera employé, s'il y a lieu à emploi.

L'arrêté d'utilité qui fixe le tracé des travaux, purge toutes les hypothèques légales, connues ou inconnues, après les deux mois de sa publication et affiche.

S'il y a des inscriptions, le prix des terrains cédés sera déposé à la caisse des dépôts et consignations.

228. Le syndicat surveillera les travaux, de concert avec l'agent des travaux publics qui aura fait le plan.

Le maire délégué procèdera aux adjudications des travaux, d'après le devis adopté.

Les travaux pourront aussi être faits en régie, par voie de prestations en nature ou en tâches, sous la direction et la surveillance de l'agent qui en sera chargé.

229. Le syndicat exercera ses fonctions, jusqu'à l'entier achèvement des travaux et jusqu'à leur réception, laquelle sera faite par lui, avec l'assistance de l'agent qui sera délégué par le préfet ou le sous-préfet.

230. Si le syndicat refusait de remplir sa mission, s'il y mettait de la négligence ou s'il malversait, l'autorité

supérieure aurait le droit de le révoquer d'office, ou sur la plainte de cinq des propriétaires contribuables. Il sera pourvu à son remplacement dans la forme des articles 222 et 223.

231. Il pourra être ensuite, pour la conservation, l'entretien et l'amélioration des travaux effectués, nommé dans la forme ci-dessus, un syndicat *d'entretien*, renouvelable tous les cinq ans.

Les réparations seront faites par cotes d'impôts ou journées de prestation, ou par tâches, sous la direction d'un membre du syndicat à cet effet par lui délégué.

232. S'il y a dans une commune, plusieurs syndicats d'irrigation, de drainage ou autres, le syndicat d'entretien pourra être le même pour tous; il sera nommé par le préfet, sur la demande de l'un ou de plusieurs de ces syndicats.

La surveillance peut être confiée à un agent des travaux publics, désigné par le syndicat, nommé par le préfet.

233. Les arrêtés du préfet, ceux du sous-préfet approuvés par le préfet, rendus en exécution des articles 214, 215, 222, 225, 231 et 232, seront affichés et publiés dans les communes intéressées, insérés au journal de l'arrondissement ou du département, et au recueil des actes de la préfecture.

Toute partie intéressée pourra se pourvoir au conseil d'État, en cas d'opposition ou de contestation, dans le mois de leur affiche et publication qui seront constatés par procès-verbal du maire et par la feuille du journal. Passé ce délai, ils deviendront définitifs envers tous (219, D. R. 40).

234. Chaque année le préfet détermine, sur l'avis du conseil général, le prix de la journée de prestation.

Les intéressés qui, dans le mois de la publication des rôles, n'auront pas déclaré vouloir faire les prestations en nature ou en tâches, seront contraints de les payer en argent (D. R. 36).

235. *Les contestations relatives à la fixation du péri-mètre des terrains compris dans l'association, à la division des terrains en différentes classes, au classement des pro-priétés en raison de leur intérêt aux travaux, à la répa-ration et à la perception des taxes, à l'exécution des tra-vaux, sont jugées par le conseil de préfecture sauf recours au conseil d'État (242).*

Il est procédé à l'apurement des comptes de l'association selon les règles établies pour les comptes des receveurs muni-cipaux.

Art. 16, L. 1865.

236. Tous ceux qui seront compris dans les catégories de propriétaires imposés, pour les travaux syndicaux de création, d'amélioration, ou d'entretien, seront tenus d'y contribuer, suivant la part mise à leur charge en cotes, prestations ou tâches, après l'exécution de toutes les pres-criptions ci-dessus.

Ces cotes, prestations ou tâches, converties en argent, seront exigibles comme les contributions directes et payables de la même manière.

237. *Nul propriétaire compris dans l'association, ne pourra, après le délai de quatre mois à partir de la notifi-cation du premier rôle des taxes, faite par le garde-cham-*

pêtre (374), *contester sa qualité d'associé, ou la validité de l'association*, ni aucune des mesures prises.

V. art. 17 L. 1865.

238. Les servitudes légales à établir au profit d'une association, le seront conformément aux règles et formes ci-devant prescrites (30, 33, 35).

V. art. 19, L. 1865.

239. Les taxes syndicales, ou autres prestations de toute nature, à payer ou à fournir dans l'intérêt de chaque propriété, auront un privilége spécial sur les fruits et sur le fonds de l'immeuble affecté de ces taxes ; avec rang après les frais de justice, à la date de l'arrêté d'utilité (222).

Ce privilége devra être inscrit dans les deux mois de la publication du premier rôle, à la diligence du receveur de l'association.

240. Le syndicat d'exécution (223), le syndicat d'entretien (231) et le syndicat de réunion (232), feront des règlements généraux, exécutoires pour les intéressés, à partir de leur approbation par le préfet. Le préfet pourra en faire d'office ; ils seront exécutoires pour tous (368 § 7, 422, n° 15).

CHAPITRE IV. — Dispositions communes aux associations.

241. *A défaut, par une association, d'entreprendre les travaux en vue desquels elle aura été autorisée, le préfet*

rapportera, s'il y a lieu et après mise en demeure, l'arrêté d'autorisation (135).

Dans le cas où l'interruption, ou le défaut d'entretien des travaux entrepris par une association, pourrait avoir des conséquences nuisibles à l'intérêt public, le préfet, après mise en demeure, pourra faire procéder d'office à l'exécution des travaux nécessaires pour obvier à ces conséquences.

Art. 25, L. 1865.

242. Toutes les difficultés qui s'élèveront relativement à la demande, à l'exécution et aux conséquences des travaux autorisés par les titres I, V et VI du présent livre, seront de la compétence du conseil de préfecture, sauf recours au conseil d'État (233, 235).

Toutefois, les questions de propriété, celles relatives aux traités faits entre particuliers ou avec les associations, en un mot tout ce qui ne touche pas directement ou indirectement à l'intérêt général, reste sous la juridiction des tribunaux ordinaires (157).

Les tribunaux administratifs seront tenus de renvoyer aux tribunaux civils, tout ce qui ne sera pas indissolublement lié à une difficulté administrative d'intérêt public.

TITRE VII

DE L'ÉCHANGE.

243. Si l'un ou les deux immeubles échangés sont grevés de priviléges ou d'hypothèques valablement inscrits, l'échangiste du chef duquel procèdent ces affectations, sera

tenu d'en rapporter la radiation ou le transfert sur l'autre immeuble, après une mise en demeure ; si cette mise en demeure reste sans effet, le tribunal pourra accorder un dernier délai, ou prononcer la résiliation du contrat.

V. art. 1705, C. N.

244. Le droit d'enregistrement sur les échanges, sera de cinquante centimes par cent, sur le capital au denier vingt du revenu déclaré le plus élevé sur l'un des deux immeubles, lorsqu'ils seront contigus à d'autres propriétés des échangistes ; de un pour cent, lorsque l'un de ces immeubles seulement sera contigu.

La contiguïté sera déclarée dans l'acte.

Ces droits sont indépendants du droit ordinaire de soulte, mais ils comprennent celui de transcription.

V. art. 15, n° 4, 69 § 5, n° 3, L. du 22 frimaire an vii, art. 4, L. du 16 juin 1824.

TITRE VIII

DES BAUX RURAUX

CHAPITRE Ier. — BAIL A COLONAGE.

245. Le bail à colonage est un contrat par lequel, l'une des parties apporte la jouissance d'un *immeuble rural*, et même du bétail *y attaché*, et l'autre son travail, son industrie et ses soins, dans le but commun de partager les

fruits et les produits *par moitié, s'il n'y a pas stipulation d'une autre proportion, ou des réserves.*

S'il est fait un acte de bail écrit, les frais seront payés par moitié.

246. Le bail à colonage sera régi par la convention expresse des parties, à défaut, par les règles particulières suivantes :

Le *capital* de ferme appartient par moitié au propriétaire et au colon. Il comprend : les animaux attachés à l'exploitation ; — les bestiaux de toute sorte, les volailles, lapins privés, abeilles, pigeons ; — les ustensiles aratoires, de transport, ceux de toute industrie agricole faisant partie de l'exploitation ; — les semences ; — les fourrages, pailles et engrais.

Le colon en est le gérant responsable comme un dépositaire.

247. S'il en a été fait estimation à l'entrée, le colon devra le représenter à la sortie en même nature, en faisant compte de la différence, de l'une à l'autre des parties.

S'il n'y pas eu estimation, le capital de la ferme est rendu par le colon et partagé tel qu'il est.

Le colon est tenu, même par corps, de cette restitution ; il ne pourra, pendant l'exploitation, le distraire de la ferme, sous la même contrainte.

Si le capital de ferme appartient au propriétaire, le colon est tenu pour le tout, de la même manière.

S'il appartient au fermier, il en aura tous les produits, sauf les fumiers, et il ne sera de rien tenu, mais il ne pourra pas augmenter ce capital pendant le bail.

248. Le bail à colonage est dirigé par le propriétaire, exécuté par le colon.

Si celui-ci a fait un acte d'administration, sans protestation de la part du propriétaire, ce dernier ne peut plus élever de réclamation.

Si le colon refuse d'exécuter les prescriptions du propriétaire, ou si le colon a protesté contre un ordre exécuté du propriétaire, il y a lieu à dommages-intérêts en cas de préjudice grave, et même, en outre, à la résiliation du bail, suivant le cas.

249. Les bêtes qui meurent pendant le bail, les ustensiles mis hors de service, sans la faute du preneur, sont remplacés à frais communs, ou par le propriétaire ou par le fermier, suivant le cas de l'article 247.

L'entretien des animaux de culture et des ustensiles est, dans tous les cas, à la charge du colon.

Il ne pourra pas employer les animaux de trait hors de la ferme, sans l'autorisation du propriétaire.

250. Les réparations dites *foncières* sont à la charge du propriétaire ; les réparations *locatives* ou analogues seront faites par le colon ou à ses frais.

V. art. 606, 1754 C. N.

251. Le propriétaire doit garantir au colon la jouissance des biens, et poursuivre les tiers qui viendraient le troubler, sous peine de dommages-intérêts et de résiliation suivant le cas.

252. Dans le bail à colonage, on ne pourra pas stipuler que tous les produits ou toutes les pertes seront pour l'une des parties, à peine de nullité de cette clause.

V. art. 1865, C. C.

253. Si une récolte est enlevée par cas fortuit, le propriétaire et le colon n'auront à faire aucune réclamation l'un envers l'autre.

L'assurance contre les cas fortuits sera commune, si elle est requise par l'une ou l'autre des parties ; le colon aura le choix de l'assureur (286).

254. Le fermier ne peut procéder au partage des récoltes et produits qu'en présence du propriétaire, ou après l'avoir dûment averti.

Il fera les deux parts, immédiatement après la rentrée de chaque récolte ; le propriétaire choisira.

Le colon est tenu de lui rendre sa part à domicile.

Tout ce qui doit être consommé par les bestiaux ne sera point partagé et restera dans la ferme.

Les produits du jardin et de la basse-cour, en volailles et autres, appartiendront au colon, à la charge par lui de donner au propriétaire, chaque année, la rente ou les réserves convenues à l'entrée du bail, ou celles d'usage.

255. Le colon ne peut pas couper un arbre vif, sans le consentement du propriétaire ; il doit remplacer ceux qui meurent ; le propriétaire fournira les plants.

Le pied de l'arbre mort appartient au propriétaire, les branches au fermier, ainsi que l'élagage des haies.

Si l'exploitation contient un bois, le colon ne peut y prendre du bois que pour compléter ses besoins, sans abus.

256. Le colon est obligé de demeurer avec sa famille dans les bâtiments de l'exploitation, s'ils sont suffisants ; d'avoir toujours un personnel et un capital de ferme équivalents à celui de l'entrée.

Il ne pourra quitter ces bâtiments que dans l'année de

sa sortie, temporairement, pour aller faire les travaux préparatoires d'une autre ferme, sans abus.

257. Le colon ne peut pas se faire remplacer dans la ferme, sans le consentement formel du propriétaire.

La mort du propriétaire ne met pas fin au colonage, Celle du colon le fait cesser à l'expiration de l'année courante, après l'enlèvement de toutes les récoltes. Le propriétaire tiendra compte des travaux préparatoires faits pour l'année suivante; les parties se règleront sur le capital de la ferme, comme il est dit en l'article 247.

258. S'il n'y a pas de convention sur la durée, le bail à colonage est fait pour le temps nécessaire à un assolement complet des biens exploités.

Il se continue par tacite reconduction, à moins que l'une des parties n'ait prévenu l'autre, avant les travaux préparatoires de culture pour l'année suivante, suivant la saison et l'exploitation (287).

259. Le colon, à sa sortie, sera tenu de laisser les biens dans l'état où il les avait trouvés en entrant, à moins qu'il n'y ait eu, pendant le bail, quelque changement fait d'un consentement mutuel.

Il ne lui sera pas tenu compte des améliorations de simple exploitation.

260. Toute action, entre le propriétaire et le colon, relative à leur règlement de comptes et à leurs réclamations, se prescrit par cinq ans du jour de la sortie.

V. art. 2277, C. N.

CHAPITRE II. — Du bail a cheptel.

—

Dispositions additionnelles.

261. Dans le cheptel simple, si le cheptel ne périt qu'en partie, le bail non expiré continue, et le preneur est tenu pendant toute sa durée, de remplacer jusqu'à concurrence du croît, les têtes des animaux qui ont péri.

Si la perte ne survient qu'en fin de bail, ou si, éprouvée auparavant, elle n'est pas entièrement couverte par les peaux, les laines et le croît, le preneur ne la supporte que jusqu'à concurrence desdits croîts, peaux et laines ; auquel cas, il est libéré envers le bailleur par l'abandon qu'il est tenu de lui faire, des chefs et des croîts survivants.

Cette disposition s'applique au cheptel donné par le propriétaire au colon partiaire.

Dans le cheptel à moitié, la part totale ou partielle, arrivée sans la faute du preneur, est supportée en commun.

V. art. 616, 1810, C. N.

262. Dans le contrat improprement appelé cheptel, les vaches données à cheptel, restent aux risques du bailleur, à moins de faute du preneur.

V. 1842 C. N.

263. Dans un cheptel quelconque, s'il y a une réserve de bêtes au profit du preneur ou du gardien, la perte arrivée sans sa faute sur le cheptel, porte proportionnellement sur cette réserve.

264. La notification de l'article 1813 du Code civil, devra être faite avant l'introduction du cheptel dans la ferme d'autrui ; à défaut, le propriétaire du cheptel sera tenu de prouver, que le propriétaire de la ferme savait que le cheptel appartenait à un autre que le fermier.

265. La tacite reconduction est admise en matière de bail à cheptel, lorsqu'au terme de la convention, ou des trois ans de l'article 1815 du Code civil, le preneur est laissé en possession du cheptel.

Le bail du cheptel au fermier sera, dans tous les cas, de la durée de son bail à ferme ou à colonage, s'il n'a été autrement convenu.

266. La mort du bailleur ne fait pas cesser le bail à cheptel ; il en est autrement de celle du preneur, à moins de convention contraire.

CHAPITRE III. — Du bail emphytéotique.

267. Le bail emphytéotique est le contrat par lequel, un propriétaire remet un immeuble foncier, pour un espace de temps de plus de trente ans, ou à perpétuité, à la charge de le cultiver ou améliorer, de payer une redevance annuelle déterminée, et sous les clauses et conditions stipulées entre les parties.

268. Le bail emphytéotique ne peut s'établir que par écrit.

269. Il ne peut être consenti que par les propriétaires

qui ont la libre disposition de leurs biens. Les incapables ne pourront y procéder que conformément aux règles du Code civil sur l'aliénation de leurs immeubles.

Quand il est régulièrement établi et transcrit, il suit l'immeuble en quelque main qu'il passe.

V. art. 2, n° 4, L. 23 mars 1855.

270. Le preneur ne peut pas demander la réduction de la redevance, même pour cause de stérilité ou de privation de toute récolte, de quelque cause qu'elle vienne, cas fortuit ou autre.

Réciproquement, le bailleur ne peut, sous prétexte de lésion dans la fixation de sa redevance, demander une augmentation ou la rescision du contrat.

271. La redevance est quérable de droit, au domicile de ceux qui possèdent l'immeuble.

Si le preneur laisse écouler deux ans sans payer la redevance, le bailleur est autorisé, après une sommation restée sans effet, à faire prononcer en justice la résolution de l'emphytéose ; néanmoins les tribunaux peuvent accorder un délai après lequel, le paiement de la redevance n'étant pas opéré, ils prononceront la résolution du contrat.

Le bailleur a le même droit de résolution, si le preneur a commis sur le fonds des détériorations graves, ou s'il n'a pas exécuté, dans le temps stipulé, les améliorations importantes qu'il s'était engagé à faire.

272. Le preneur ne peut se libérer de la redevance, ni se soustraire à aucune des conditions du bail emphytéotique, en délaissant l'immeuble, fût-il hypothéqué, à moins que ce ne fût sur la poursuite des créanciers hypothécaires.

273. Le bailleur jouit pour le paiement de la redevance, du même privilége que le paragraphe 1 de l'article 2103 du Code civil accorde au vendeur pour le paiement de son prix, ainsi que du droit de résolution, mais à la condition de les conserver et de les rendre publics, conformément aux prescriptions du Code civil et de la loi du 23 mars 1855.

V. art. 2, 3 et 11 de la loi du 23 mars 1855.

274. Le preneur ne peut opérer dans l'immeuble aucun changement qui en diminue la valeur ; s'il a fait des améliorations ou des constructions, il ne peut les détruire, ni réclamer à cet égard aucune indemnité, à moins de convention contraire.

S'il s'agit d'un bois, il sera tenu d'en suivre l'aménagement ; il ne pourra le défricher qu'avec le consentement du bailleur.

275. L'emphytéote est tenu des réparations de toute nature , mais il n'est pas obligé de reconstruire les bâtiments qui seraient détruits par vétusté ou par cas fortuit.

Il est tenu de toutes les contributions et charges annuelles.

276. Il peut vendre, hypothéquer ou céder son droit, à titre onéreux ou gratuit, mais sans préjudice du droit de résolution du bailleur.

S'il donne à ferme, il doit se conformer aux règles portées dans les articles 450, 481, 595 et 1429 du Code civil.

277. Les accessions survenues à l'immeuble emphytéotisé, dans les cas prévus par les articles 556, 557, et 561 du Code civil, deviennent la propriété du bailleur et

du preneur, chacun conformément au titre suivant lequel il possède l'immeuble auquel l'accession est opérée.

Toutefois, si la redevance est fixe, elle ne sera augmentée ni diminuée, que l'immeuble soit augmenté par l'alluvion, ou qu'il soit diminué par l'enlèvement successif d'une partie de l'immeuble.

278. Si un trésor est découvert, le capital de la partie du trésor revenant à la propriété, d'après l'article 716 du Code civil, appartient au bailleur ; le preneur en conserve la jouissance jusqu'à la fin du bail, à la charge, s'il en est requis, de donner caution pour la restitution.

Si le bail est perpétuel, le trésor appartient au preneur.

279. Si l'immeuble emphytéotisé vient à périr sans la faute du preneur, le contrat est résolu entièrement. S'il ne périt qu'en partie, il y aura diminution proportionnelle de la redevance.

S'il est exproprié pour cause d'utilité publique, en tout ou en partie : en cas d'emphytéose temporaire, le capital appartient au bailleur et la jouissance au preneur, conformément aux règles de l'article 277 ; si le bail est perpétuel, le capital est placé sur le preneur ou sur un tiers, à rente perpétuelle égale à la redevance, sous hypothèque suffisante et aux frais du preneur.

280. Le preneur exerce à l'égard des mines et carrières, tous les droits du propriétaire, sauf convention contraire.

Il peut constituer des servitudes temporaires ou perpétuelles, suivant son droit. Si l'emphytéose dûment transcrite est résolue, les servitudes disparaissent.

281. L'emphytéose est toujours rachetable de la part du preneur, nonobstant toute stipulation contraire.

Néanmoins, les parties pourront régler d'avance les conditions du rachat, et stipuler sa suspension pendant trente ans au plus.

Le capital du rachat ne pourra pas être fixé au-delà de la somme de la rente multipliée par cinquante.

282. Si le rachat n'a pas été réglé, le capital en sera fixé en multipliant la rente constituée par vingt-cinq.

Si cette rente fixe est en nature, elle sera de la valeur résultant de la moyenne de dix années, telle que cette valeur est fixée par chaque bureau d'enregistrement, en vertu de l'article 75 de la loi du 15 mai 1818.

S'il s'agit d'une prestation qui ne soit pas portée au tableau de l'enregistrement, le prix moyen en sera fixé de gré à gré, entre parties libres de leurs droits, à défaut par la justice. Si la rente annuelle est d'une quotité, ou s'il y a dans le titre une réserve en nature, ou un droit casuel au profit du bailleur, le capital en sera calculé de la même manière.

283. La rente est indivisible, à défaut de stipulation.

Lorsque l'emphytéose aura été faite pour une seule rente, ou que les diverses rentes seront solidaires entre elles, elles ne pourront être rachetables que pour le tout ; si l'un des preneurs ou des sous-preneurs la rembourse, il sera subrogé de plein droit au bailleur, sans garantie contre lui.

284. Jusqu'à la consommation du rachat, le bailleur et ses créanciers exerceront tous leurs droits et actions, tels qu'ils résultent de leur titre et de la loi. Les droits de ces créanciers seront transportés sur le prix du rachat.

CHAPITRE IV. — Dispositions communes aux baux.

285. Dans un bail quelconque, s'il se découvre une servitude grave, non déclarée par le propriétaire, le preneur aura le droit de demander la résiliation du bail, ou une diminution du loyer et fermage, suivant l'importance de la servitude.

V. art. 1638 C. N.

286. Dans les cas prévus par les articles 1769 et 1770 du Code civil, si le preneur et le propriétaire ont fait conjointement, ou si l'un des deux a fait, en vertu du bail ou du consentement de l'autre, une assurance contre les cas fortuits, les annuités seront payables par moitié.

En cas de sinistre sur la totalité ou partie de la récolte ou du cheptel, l'indemnité servira à payer d'abord les annuités, ensuite le capital du cheptel et la rente du propriétaire ; le surplus reviendra au fermier.

S'il s'agit d'un bail à profit commun, l'indemnité sera partagée, après le prélèvement du capital de remplacement du cheptel, s'il y a cheptel.

Si le preneur a fait l'assurance, au refus du propriétaire : en cas de perte totale ou partielle, le preneur aura seul droit à l'indemnité, et en outre, à la remise des articles 1769 et 1770 du Code civil, s'il y a lieu.

Si c'est le propriétaire qui ait fait l'assurance, il aura droit à l'indemnité, mais il ne pourra pas réclamer la rente en tout ou en partie, suivant les conditions des articles ci-dessus.

Si l'une ou l'autre des parties n'a assuré, d'une manière expresse, que son droit à la récolte, au cheptel ou à d'autres objets, l'indemnité lui reviendra exclusivement dans tous les cas.

Le présent article ne règle les droits des parties que sur les annuités et l'indemnité d'assurance, non les droits qui sont déjà établis dans les articles 1769 et 1770 du Code civil (253).

287. Dans chaque département, le préfet, sur l'avis du conseil général, prendra des arrêtés sur l'usage des lieux en matière de bail, fixant pour tout le département, à défaut de stipulation contraire (368) :

1° L'époque de l'entrée et de la sortie du preneur (258) ; — celle des ouvriers ruraux ;

2° Celle du paiement des rentes et fermages ; — des gages des ouvriers ruraux ;

3° La durée des baux et du louage des ouvriers ruraux;

4° Le délai dans lequel le congé devra être notifié, lorsqu'il y aura lieu à congé (258).

V. les art. 1736, 1745, 1748, 1758 C. N.

288. Les règles renfermées dans les articles 1714 à 1778 inclusivement du Code civil, sont applicables aux baux du Code rural, dans tout ce qui n'est pas particulièrement prescrit par celui-ci, lequel à son tour abroge toutes celles qui, dans le Code civil, sont incompatibles avec le Code rural sur cette matière (428).

CHAPITRE V. — DU LOUAGE DES OUVRIERS RURAUX.

289. Chaque fermier ou colon, domestique, berger, gardien, ou tout autre ouvrier rural loué au mois ou à l'année, doit avoir un livret (387).

Il lui sera délivré par le commissaire de police, ou par le maire du lieu où il réside depuis six mois au moins.

Le livret indiquera les noms et prénoms de l'ouvrier rural, son âge, son lieu de naissance, son signalement. Il sera signé par celui qui l'aura délivré et portera son sceau officiel (D. R. 41).

V. L. du 22 juin 1854.

290. Chaque propriétaire ou maître, doit avoir un registre correspondant au livret de son fermier, colon ou domestique; il indiquera les noms du propriétaire, son domicile ou sa résidence (390).

Il sera délivré de la même manière que le livret (D. R. 41).

291. Le livret et le registre contiendront :

1° La copie du traité fait entre les parties, ou l'énonciation de leurs conditions principales signées par les parties. à défaut par le commissaire de police, le maire, ou le secrétaire de la mairie qui y apposera le sceau de la commune ;

2° La mention du capital de ferme, son estimation, l'indication du propriétaire de ce capital, les outils et ustensiles remis par le propriétaire ;

3° Les comptes du propriétaire avec le fermier ou domestique, les sommes données ou reçues, les règlements faits ;

4° Les réquisitions du propriétaire envers le colon, les protestations du colon contre les ordres du propriétaire (248) ;

Et en général, tout ce qui peut servir à établir l'exécution ou la non-exécution du traité, les comptes à régler entre les parties.

Toutes ces mentions seront portées en double sur le registre et sur le livret.

Chaque partie pourra exiger que la mention soit portée en double, par le secrétaire de la mairie ou par le garde-champêtre, ou signée de l'un d'eux (D. R. 48).

292. Le registre et le livret qui seront conformes, feront foi en justice de leur contenu.

Si l'un ou l'autre n'est pas produit, celui qui sera produit fera foi.

S'il n'y a pas concordance. la mention faite par la mairie ou le garde l'emportera.

Les autres preuves légales ne seront admises qu'à défaut de celle-ci.

293. Le fermier, domestique ou ouvrier rural qui sera débiteur d'un solde de compte au moment de sa sortie, devra remettre son livret au propriétaire ou au maître; il y sera fait mention de cette remise.

Le propriétaire ou le maître a le droit de retenir le livret jusqu'à ce qu'il ait été payé de ce solde. Il rendra le livret au moment de ce paiement.

Le propriétaire ou le maître subséquent sera tenu de retenir à l'ouvrier rural, chaque mois, le dixième de ses gages ou de leur équivalent ; il en sera responsable envers le maître précédent, à moins qu'il n'eût payé de bonne foi.

294. Le livret de l'ouvrier rural lui servira de passe-port dans l'intérieur de la France. Il sera visé comme le passeport.

Il ne sera inscrit sur les listes électorales que sur la présentation de son livret.

Sous la condition dans les deux cas, que le dernier certificat de sortie ne remontera pas à plus d'un an.

295. A la fin de l'engagement, le propriétaire ou le maître portera sur le livret, le règlement fait avec son fermier ou domestique, et la cause de sa sortie, mais sans annotation favorable ou défavorable.

296. Les registres et livrets, pour faire foi, seront tenus sans lacune ni blanc ; chaque engagement devra suivre le précédent.

Les juges de paix connaîtront, en premier ou en dernier ressort, suivant les règles de leur compétence, de toutes les difficultés relatives aux registres et livrets.

297. La journée de travail se compte depuis le lever jusqu'au coucher du soleil, s'il n'y a engagement contraire. Il y aura un repos d'une heure du 1ᵉʳ novembre au 1ᵉʳ mars, et deux repos pendant le reste de l'année.

298. L'ouvrier rural loué à l'année, qui, sans cause suffisante et légitime, rompra son engagement avant le terme, sera condamné par le juge de paix, à une indemnité égale au montant de trois mois de gages. Celui qui n'est loué qu'au mois paiera une indemnité d'un mois.

La même condamnation, sera appliquée au maître qui aura renvoyé l'ouvrier rural, sans meilleure cause.

Pour les fermiers et les colons partiaires, l'indemnité et les dommages-intérêts, s'il y a lieu, seront fixés suivant les règles de la compétence ordinaire.

Le maître est autorisé à retenir le livret, et à défaut les effets de l'ouvrier rural, jusqu'à l'acquittement des condamnations.

LIVRE TROISIÈME

CRÉDIT. — PROTECTION ET DÉFENSE DE LA PROPRIÉTÉ RURALE. — POLICE RURALE.

TITRE Ier

DIRECTION ET PROTECTION DE LA PROPRIÉTÉ RURALE.

CHAPITRE Ier DES COMICES AGRICOLES

299. *Il y a dans chaque arrondissement* un comice agricole.

Art. 1, décret 25 mars 1852.

300. Les comices agricoles *sont composés d'autant de membres qu'il y a de cantons dans l'arrondissement, sans que le nombre de ces membres puisse être inférieur à six.*

Art. 2. décret du 25 mars 1852.

301. *Le préfet désigne dans chaque canton, pour faire*

partie du comice agricole, *un agriculteur notable, ayant son domicile ou des propriétés dans le canton.*

Les membres du comice agricole sont nommés pour trois ans. Ils sont rééligibles.

Art. 3, décret du 25 mars 1852.

302. *Le préfet au chef-lieu, les sous-préfets dans les arrondissements, président le comice agricole.*

Un vice-président, élu à la majorité des voix des membres présents, supplée le préfet ou le sous-préfet, en cas d'absence ou d'empêchement.

Le préfet ou le sous-préfet nomme le secrétaire.

Art. 4, décret du 25 mars 1852.

303. *Un arrêté du préfet fixe chaque année l'époque de la session ordinaire des comices agricoles de son département. Il en détermine la durée et arrête le programme des travaux.*

Des sessions extraordinaires peuvent avoir lieu sur sa convocation.

Art. 5, du décret du 25 mars 1852.

304. *Les comices agricoles présentent au gouvernement* leurs vœux et *leurs vues sur les questions qui intéressent* l'agriculture.

Leur avis peut être demandé sur les changements à opérer dans la législation, en ce qui touche les intérêts agricoles, notamment en ce qui concerne les contributions indirectes, les douanes, les octrois, la police et l'emploi des eaux, et sur toutes les mesures à prendre dans l'intérêt de l'agriculture de l'arrondissement, ou en général.

Les comices agricoles peuvent aussi être consultés sur l'établissement des foires et marchés, sur la destination à donner aux subventions de l'État et du département, enfin, sur l'établissement des écoles régionales et des fermes-écoles.

Ils sont chargés de la statistique agricole de l'arrondissement.

Art. 6, du décret du 25 mars 1852.—Art. 5, L. du 20 mars 1851.

305. *Les comices agricoles correspondent directement avec les préfets, et, par l'intermédiaire des préfets, avec les ministres de l'intérieur, de l'agriculture et du commerce.*

Art. 7, décret du 25 mars 1852.

306. *Les préfets et les sous-préfets fournissent, au chef-lieu du département ou de l'arrondissement, un local convenable pour la tenue des séances.*

Le budget des comices agricoles est visé par le préfet, et présenté au conseil général. Il fait partie des dépenses départementales, il est porté au chapitre 7 des dépenses ordinaires.

Art. 8, du décret du 25 mars 1852.

307. *Les inspecteurs généraux de l'agriculture ont entrée aux séances, ils sont entendus toutes les fois qu'ils le demandent* (D. R. 50).

Art. 9, décret du 25 mars 1852.

Les séances sont publiques, à moins que le comice agricole ne prononce le huis clos, par une délibération motivée.

Il peut admettre des lectures de la part de propriétaires ou agriculteurs de l'arrondissement, après qu'elles auront été soumises au président. Celui-ci pourra même les autoriser à prendre la parole, mais les membres du comice seuls auront voix délibérative.

308. *Les comices agricoles sont reconnus comme établissements d'utilité publique; ils peuvent, en cette qualité, acquérir, recevoir, posséder et aliéner, après y avoir été dûment autorisés.*

Art. 10, décret du 25 mars 1852.

CHAPITRE II. — DES CHAMBRES CONSULTATIVES D'AGRICULTURE.

309. — Il y aura, au chef-lieu de chaque département, une chambre consultative d'agriculture.

Elle sera composée des vice-présidents et des secrétaires des comices agricoles du département et présidée par le préfet ; à son défaut, par le président nommé par la chambre consultative elle-même, à la majorité des membres présents à la première réunion de chaque année. Le secrétaire sera nommé par le préfet.

V. art. 6, L. du 20 mars 1851.

310. La chambre consultative d'agriculture donnera son avis, sur toutes les questions qui lui seront soumises par le gouvernement, concernant l'agriculture en général, ou seulement l'agriculture du département.

Elle pourra, sur la proposition de trois de ses membres ou du préfet, délibérer sur les intérêts agricoles du département et proposer des résolutions.

311. La chambre consultative départementale se réunira une fois par an, plus souvent, s'il est nécessaire, sur la convocation du préfet qui fixera son ordre du jour.

Les séances ne seront pas publiques ; cependant elles pourront l'être, sur la proposition de trois des membres de la chambre, et après délibération prise préalablement sur chaque sujet à traiter.

Les inspecteurs généraux de l'agriculture pourront assister aux séances, et y seront entendus. (D. R. 50).

CHAPITRE III. — Du conseil général de l'agriculture.

312. *Il y a, près du ministre de l'agriculture et du commerce, un conseil général de l'agriculture composé de cent membres, dont :*

Un par chaque chambre consultative de département ; les autres pris en dehors.

Art. 11, décret du 25 mars 1852.

313. *Le ministre de l'agriculture et du commerce, nomme, chaque année, les membres du conseil général de l'agriculture. Ils sont toujours rééligibles. Le ministre préside le conseil, et nomme deux vice-présidents.*

Il désigne, en dehors du conseil, les secrétaires qui doivent rédiger les procès-verbaux des séances.

Art. 12, décret du 25 mars 1852.

314. *Le conseil général de l'agriculture se réunit, chaque année, en une session qui ne peut pas durer plus d'un mois.*

Art. 13, décret du 25 mars 1852.

315. *Des commissaires du gouvernement désignés par*

le ministre, assistent aux délibérations du conseil général de l'agriculture et prennent part aux discussions.

Ils sont entendus toutes les fois qu'ils le demandent ; ils ont entrée dans les commissions (D. R. 50).

Art. 14, du décret du 25 mars 1852.

316. *Le conseil général de l'agriculture peut être saisi de toutes les questions d'intérêt général sur lesquelles les chambres d'agriculture ont été consultées.*

Il donne aussi son avis sur toutes celles que le ministre lui soumet.

Art. 15, décret du 25 mars 1852.

317. Chaque année, des concours agricoles seront fixés par le gouvernement, soit dans les chefs-lieux d'arrondissement ou de canton, pour tout un département, soit dans un chef-lieu de département, pour une région déterminée par le conseil général de l'agriculture.

Les concours régionaux seront organisés et réglés par la chambre d'agriculture du département où ils seront ouverts ; les concours d'arrondissement, par le comice agricole de l'arrondissement.

Les fonds seront fournis par une subvention de l'État, par les départements, par les comices agricoles, par les communes choisies pour le concours, et par des souscriptions volontaires.

Les autorités administrative et judiciaire prendront les mesures nécessaires pour assurer le bon ordre, la surveillance et la police du concours (D. R. 51).

TITRE II

—

DU CRÉDIT FONCIER

———

CHAPITRE Ier. — DES SOCIÉTÉS DE CRÉDIT FONCIER.

318. *Des sociétés de crédit foncier, ayant pour objet de fournir aux propriétaires d'immeubles qui voudront emprunter sur hypothèque,* ou aux associations syndicales autorisées (225, 321, 323), *la possibilité de se libérer au moyen d'annuités à long terme, peuvent être autorisées par un décret impérial, après avis du conseil d'État.*

Elles jouissent alors des droits, et sont soumises aux règles déterminées par les articles suivants.

Décret du 28 février 1852, art. 1. — Art. 1, L. du 6 juillet 1860.

319. *L'autorisation est accordée soit à des sociétés d'emprunteurs, soit à des sociétés de prêteurs.*

Art. 2, décret 1852.

320. *Les sociétés sont restreintes à des circonscriptions territoriales que le décret d'autorisation déterminera.*

Art. 3, décret 1852.

321. *Les sociétés de crédit foncier ont le droit d'émettre des obligations ou lettres de gage.*

Art. 4, décret 1852.

322. *Pour faciliter les opérations des sociétés, l'État et les départements peuvent acquérir une certaine quantité de ces lettres de gage.*

La loi de finances fixera chaque année, le maximum des sommes que le trésor pourra affecter à cet emploi. La répartition en sera faite par le décret d'autorisation de chaque société.

Art. 5, décret 1852.

CHAPITRE II. — Des prêts faits par les sociétés de crédit foncier.

323. *Les sociétés de crédit foncier ne peuvent prêter que sur première hypothèque.*

Sont considérés comme faits sur première hypothèque, les prêts au moyen desquels tous les créanciers antérieurs doivent être remboursés en capital et intérêts.

Dans ce cas, la société conserve entre les mains, la valeur suffisante pour opérer le remboursement (D. R. 56).

Art. 6, décret de 1852.

Il n'est perçu aucun droit d'enregistrement sur ledit remboursement.

Les prêts faits aux associations syndicales autorisées, pourront être garantis et remboursés sur les cotes particulières (225, 226).

324. *Le prêt ne peut, en aucun cas, excéder la moitié de la valeur de la propriété, le minimum du prêt sera fixé par les statuts.*

Art. 7, décret de 1852.

325. Si cette propriété est grevée d'hypothèques légales, il sera procédé à leur purgation, conformément au paragraphe 1 du chapitre IV du présent titre.

V. art. 8, décret de 1852. — Art. 2 et 8, L. du 10 juin 1853.

326. *Lorsque l'hypothèque légale est inscrite, le prêt ne peut être réalisé qu'après la mainlevée donnée, soit par la femme,* ayant capacité à cet effet ou après le cantonnement judiciaire de cette hypothèque, *soit par le subrogé tuteur du mineur ou de l'interdit, en vertu d'une délibération du conseil de famille* homologuée par le tribunal.

Art. 9, décret de 1852.

327. *L'emprunteur acquitte sa dette par annuité. Il a toujours le droit de se libérer par anticipation, soit en totalité, soit en partie.*

Art. 10, décret de 1852.

328. *L'annuité comprend nécessairement : 1° l'intérêt stipulé qui ne peut excéder cinq pour cent ; 2° la somme affectée à l'amortissement, laquelle ne peut être supérieure à deux pour cent, ni inférieure à un pour cent, du montant du prêt ; 3° les frais d'administration, ainsi que les taxes déterminées par les statuts.*

Art. 11, décret de 1852.

329. *En cas de non paiement des annuités, la société, indépendamment des droits qui appartiennent à tout créancier, peut recourir aux moyens d'exécution déterminés par le chapitre IV qui suit.*

Art. 12, décret de 1852.

CHAPITRE III. — Des obligations émises par les sociétés du crédit foncier.

330. *Les obligations ou lettres de gage des sociétés de crédit foncier sont nominatives ou au porteur.*

Les obligations nominatives sont transmissibles par voie d'endossement, sans autre garantie que celle qui résulte de l'article 1695 du Code Napoléon.

Article 13, décret de 1852.

331. *La valeur des lettres de gage ne peut dépasser le montant des prêts.*

Les lettres de gage ne sont émises qu'après avoir été visées et enregistrées. Le visa est donné par le commissaire du gouvernement. (1)

L'enregistrement des lettres de gage a lieu au droit fixe de dix centimes.

Art. 14, décret de 1852.

332. *Il ne peut être créé de lettres de gage inférieures à cent francs.*

Art. 15, décembre 1752.

333. *Les lettres de gage portent intérêt. Dans le courant de chaque année, il est procédé à leur remboursement au prorata de la rentrée des sommes affectées à l'amortissement.*

Art. 16, décret de 1852.

---

(1) Décret du 31 décembre 1852.

334. *Les porteurs de lettre de gage n'ont d'autre action pour le recouvrement des capitaux et intérêts exigibles, que celles qu'ils peuvent exercer directement contre la société.*

Art. 17, décret de 1852.

335. *Il n'est admis aucune opposition au paiement du capital et des intérêts, si ce n'est en cas de perte de la lettre de gage.*

Art. 18, décret de 1852.

CHAPITRE IV. — DES PRIVILÉGES ACCORDÉS AUX SOCIÉTÉS DE CRÉDIT FONCIER POUR LA SURETÉ ET LE RECOUVREMENT DU PRÊT.

§ 1er. *De la purge des hypothèques légales.*

336. *Pour purger les hypothèques légales connues, la signification d'un extrait de l'acte constitutif d'hypothèque au profit de la société de crédit foncier, doit être faite : à la femme et au mari ; — au tuteur et au subrogé tuteur du mineur ou de l'interdit ; — au mineur émancipé et à son curateur ; — à tous les créanciers non inscrits ayant hypothèque légale.*

Art. 1, L. du 10 juin 1853.

337. *L'extrait de l'acte constitutif d'hypothèque contient, sous peine de nullité, la date du contrat, les nom, prénoms, profession et domicile de l'emprunteur, la désignation de la situation de l'immeuble, ainsi que la mention du montant du prêt.*

Il contient, en outre, l'avertissement que, pour conserver vis-à-vis de la société de crédit foncier, le rang de l'hypothèque légale, il est nécessaire de la faire inscrire dans les quinze jours, à partir de la signification, outre les délais de distance.

Art. 1er, L. 10 juin 1853.

338. *La signification doit être remise à la personne de la femme, si l'emprunteur est son mari.*

Néanmoins la signification peut être faite au domicile de la femme, si celle-ci, sous quelque régime que le mariage ait été contracté, a été présente au contrat de prêt, et si elle a reçu du notaire l'avertissement que, pour conserver vis-à-vis de la société du crédit foncier le rang de son hypothèque légale, elle est tenue de la faire inscrire dans les quinze jours, à dater de la signification, outre les délais de distance.

L'acte de prêt doit faire mention de cet avertissement, sous peine de nullité de la purge à l'égard de la femme.

Art. 1, L. 10 juin 1853.

339. *Si la femme n'a pas été présente au contrat ou n'a pas reçu l'avertissement du notaire, et si la signification n'a été faite qu'à domicile, les formalités nécessaires pour la purge des hypothèques légales inconnues doivent, en outre, être remplies.*

Art. 1, L. 10 juin 1853. — Avis du conseil d'État des 1er juin 1807 et 8 mai 1812.

340. *Si l'emprunteur est, au moment de l'emprunt, tuteur d'un mineur ou d'un interdit, la signification est faite au subrogé tuteur et au juge de paix du lieu dans lequel la tutelle est ouverte.*

Dans la quinzaine de cette signification, le juge de paix convoque le conseil de famille en présence du subrogé tuteur. Ce conseil délibère sur la question de savoir si l'hypothèque doit être prise.

Si la délibération est affirmative, l'hypothèque est inscrite par le subrogé tuteur, sous sa responsabilité, par les parents ou amis du mineur, ou par le juge de paix, dans la quinzaine de la délibération.

Art. 1er L. 10 juin 1853.

341. *Pour purger les hypothèques légales inconnues, l'extrait de l'acte constitutif d'hypothèque doit être notifié au procureur impérial près le tribunal de l'arrondissement du domicile de l'emprunteur, et au procureur impérial de l'arrondissement dans lequel l'immeuble est situé (D. R. 59).*

Cet extrait doit être inséré, avec la mention des significations faites, dans l'un des journaux désignés pour la publication des annonces judiciaires de l'arrondissement dans lequel l'immeuble est situé.

L'inscription doit être prise dans les deux mois de cette insertion.

Art. 1, L. 10 juin 1853. — Avis du conseil d'État des 1er juin 1807 et 8 mai 1812.

342. *La purge est opérée par le défaut d'inscription dans les délais fixés par les articles précédents.*

Elle confère à la société de crédit foncier la priorité sur les hypothèques légales.

Cette purge ne profite pas aux tiers, qui demeurent assujettis aux formalités prescrites par les articles 2193, 2194 et 2195 du Code Napoléon.

Art. 1, L. 10 juin 1853.

343. *Si l'immeuble est grevé d'inscriptions pour hypothèques consenties à raison de garantie d'éviction ou de rentes viagères, la société de crédit foncier peut néanmoins prêter, pourvu que le montant du prêt, réuni aux capitaux inscrits, n'excède pas la moitié de la valeur de l'immeuble, conformément à l'article 324 ci-dessus.*

Art. 3, L. 10 juin 1853.

344, *L'hypothèque consentie au profit d'une société de crédit foncier, par le contrat conditionnel de prêt, prend rang du jour de l'inscription, quoique les valeurs soient remises postérieurement.*

Art. 4, L. 10 juin 1853.

345. *Les sociétés de crédit foncier peuvent user contre l'emprunteur des droits et des voies d'exécution qui leur sont attribuées par les dispositions qui suivent, même pour le recouvrement des sommes qu'elles remboursent à un créancier inscrit, afin d'être subrogées à son hypothèque.*

Art. 5, L. 10 juin 1853.

§ 2. *Des droits et moyens d'exécution de la société contre les emprunteurs.*

346. *Les juges ne peuvent accorder aucun délai pour le paiement des annuités.*

Art. 26, décret du 28 février 1852.

347. *Ce paiement ne peut être arrêté par aucune opposition.*

Art. 27, décret du 28 février 1852.

348. *Les annuités non payées à l'échéance produisent intérêt de plein droit.*

Il peut, en outre, être procédé par la société au séquestre et à la vente des biens hypothéqués, dans les formes et aux conditions prescrites par les articles suivants.

Art. 28, décret du 28 février 1852.

I. Du séquestre.

349. *En cas de retard du débiteur, la société peut, en vertu d'une ordonnance rendue sur sa requête par le président du tribunal civil de première instance des immeubles hypothéqués, et quinze jours après une mise en demeure, se mettre en possession de ces immeubles, aux frais et risques du débiteur en retard.*

Art. 29. décret du 28 février 1852.

350. *Pendant la durée du séquestre, la société perçoit, nonobstant toute opposition ou saisie, le montant des revenus ou récoltes, et l'applique par privilége à l'acquittement des termes échus d'annuités et de frais.*

Ce privilége prend rang immédiatement après ceux qui sont attachés aux frais faits pour la conservation de la chose, aux frais de labours et de semences, et aux droits du trésor pour le recouvrement de l'impôt.

Le créancier opposant ou saisissant, qui paiera les annuités échues, sera subrogé de plein droit à la société sur sa quittance, mais sans priorité à celle-ci pour les annuités suivantes.

Art. 30, décret du 28 février 1852.

351. *En cas de contestation sur le compte du séquestre, il est statué par le tribunal comme en matière sommaire.*

Art. 34, décret du 28 février 1852.

II. De l'expropriation et de la vente.

352. *Dans le même cas de non paiement d'une annuité, et toutes les fois que, par suite de la détérioration de l'immeuble, ou pour toute autre cause indiquée par les statuts dûment approuvés, le capital intégral est devenu exigible, la vente de l'immeuble peut être poursuivie.*

S'il y a contestation, il est statué par le tribunal de la situation des biens comme en matière sommaire.

Le jugement n'est pas susceptible d'appel.

Art. 32, décret du 28 février 1852.

353. *Pour parvenir à la vente de l'immeuble hypothéqué, la société de crédit foncier fait signifier au débiteur un commandement dans la forme prévue par l'article 673 du Code de procédure civile. Ce commandement est transcrit au bureau des hypothèques de la situation des biens.*

A défaut de paiement dans la quinzaine, il est fait dans les six semaines qui suivent la transcription dudit commandement, trois insertions à dix jours d'intervalle au moins l'une de l'autre, dans l'un des journaux indiqués par l'article 696 du Code de procédure civile, et deux appositions d'affiches à quinze jours d'intervalle.

Les affiches seront placées : dans l'auditoire du tribunal du lieu où la vente doit être effectuée ; — à la porte de la mairie du lieu où les biens sont situés, et sur la propriété, lorsqu'il s'agit d'un immeuble bâti. La première appo-

sition est dénoncée dans la huitaine au débiteur et aux créanciers inscrits, au domicile par eux élu dans l'inscription, avec sommation de prendre communication du cahier des charges.

Quinze jours après l'accomplissement de ces formalités, il est procédé à la vente aux enchères, en présence du débiteur, ou lui dûment appelé, devant le tribunal de la situation des biens, ou d'après la règle de l'article 2110 du Code Napoléon, et de la loi du 14 novembre 1808, si les biens sont situés dans différents arrondissements.

Néanmoins, le tribunal, sur requête présentée par la société avant la première insertion, peut ordonner que la vente aura lieu, devant un notaire du canton ou de l'arrondissement duquel les biens sont situés. Ce jugement n'est pas susceptible d'appel. Il ne peut y être formé opposition que dans les trois jours de la signification qui doit en être faite au débiteur, en y ajoutant les délais des distances.

Art. 33, décret du 28 février 1852. — Art. 6, de la loi du 10 juin 1853.

354. A compter du jour de la transcription du commandement, le débiteur ne peut aliéner, au préjudice de la société, les immeubles hypothéqués ni les grever d'aucun droit réel.

Art. 34, décret du 28 février 1852. — Art. 686, C. P. C.

355. Le commandement, les exemplaires du journal contenant les insertions, les procès-verbaux d'apposition d'affiches, la sommation de prendre communication du cahier des charges et d'assister à la vente, sont annexés au procès-verbal d'adjudication.

Art. 35, du décret du 28 février 1852.

356. *Les dires et observations doivent être consignés sur le cahier des charges huit jours au moins avant celui de la vente. Ils contiennent constitution d'un avoué, chez lequel domicile est élu de droit, le tout à peine de nullité.*

Le tribunal est saisi de la contestation par acte d'avoué à avoué. Il statue sommairement et en dernier ressort, sans qu'il puisse en résulter aucun retard de l'adjudication.

Art. 36, décret du 28 février 1852. — Art. 694, C. P. C.

357. *Si lors de la transcription du commandement, il existe une saisie antérieure pratiquée à la requête d'un autre créancier, la société de crédit foncier peut, jusqu'au dépôt du cahier d'enchère, et après un simple acte signifié à l'avoué poursuivant, faire procéder à la vente d'après le mode indiqué dans les articles précédents.*

Si la transcription du commandement n'est requise par la société qu'après le dépôt du cahier d'enchère, celle-ci n'a plus le droit de se faire subroger dans les poursuites du créancier saisissant, conformément à l'article 722 du Code de procédure civile.

Il n'est accordé, si la société s'y oppose, aucune remise d'adjudication.

En cas de négligence de la part de la société, le créancier saisissant a le droit de reprendre sa poursuite.

Art. 37, décret du 28 février 1852.

358. *Dans la huitaine de la vente, soit qu'elle ait lieu volontairement, soit qu'elle ait suivi l'expropriation forcée, ou la procédure particulière ci-dessus, l'acquéreur est tenu d'acquitter, à titre de provision, dans la caisse de la société, le montant des annuités dues.*

Art. 7, L. 10 juin 1853.

Après les délais de surenchère, l'acquéreur sera personnellement tenu de payer à leur échéance, les annuités à venir, *nonobstant toutes oppositions, contestations et inscriptions des créanciers de l'emprunteur.*

Art. 38, décret du 28 février 1852.

359. *Si la vente s'opère par lots, ou qu'il y ait plusieurs acquéreurs non cointéressés, chacun d'eux n'est tenu, même hypothécairement, vis-à-vis de la société, que jusqu'à concurrence de son prix;* les annuités étant à payer proportionnellement aux prix d'adjudication.

Art. 39, décret du 28 février 1852.

360. *La surenchère a lieu conformément aux articles 708 et suivants du Code de procédure civile.*

Dans le cas de vente renvoyée devant notaire, la surenchère doit être faite au greffe du tribunal dans l'arrondissement duquel l'adjudication a été prononcée.

Art. 40, décret du 28 février 1852.

361. *Lorsqu'il y a lieu à folle enchère, il y est procédé suivant le mode indiqué par les articles 353, 354, 355, 356 et 357 ci-dessus.*

Art. 41, décret du 28 février 1852.

362. *Tous les droits énumérés dans le présent chapitre, peuvent être exercés contre les tiers détenteurs, après dénonciation du commandement au débiteur.*

Les poursuites commencées contre le débiteur, sont valablement continuées contre lui, jusqu'à ce que les tiers auxquels il aurait aliéné les immeubles hypothéqués se soient fait connaître de la société. Dans ce cas, les poursuites sont continuées contre les tiers détenteurs, sur les derniers errements, quinze jours après la mise en demeure.

Art. 42, décret du 28 février 1852.

CHAPITRE V. — Dispositions générales.

363. *Les sociétés de crédit sont placées sous la surveillance du ministre des finances. Le choix des directeurs est soumis à l'approbation de ce ministre.*

Art. 43, décret du 28 février 1852. — Décret du 26 juin 1854.

364 *Il est interdit aux sociétés de crédit foncier, de faire d'autres opérations que celles prévues par le présent titre (318).*

Art. 44, décret du 28 février 1852.

365. *Elles sont admises à déposer leurs fonds libres au trésor, aux conditions déterminées par le gouvernement.*

Art. 45, décret du 28 février 1852.

366. *Les fonds des incapables et des communes peuvent être employés en achat de lettres de gage. Il en est de même des capitaux disponibles, appartenant aux établissements publics ou d'utilité publique, dans tous les cas où ces établissements sont autorisés à les convertir en rentes sur l'État.*

Art. 46, décret de 1852.

Les remplois autorisés ou exigés par le contrat, par la loi ou par justice, seront faits en lettres de gage nominatives (D. R. 55).

L'article 46 de la loi du 2 juillet 1862 est abrogé (429).

367. *Les statuts approuvés conformément aux dispositions de l'article 318 indiquent principalement : 1° le mode suivant lequel il doit être procédé à l'estimation de la propriété ; 2° la nature des propriétés qui ne peuvent être* *admises comme gage hypothécaire, et le minimum du prêt qui peut être fait sur chaque nature de propriété ; 3° le maximum des prêts qui peuvent être faits au même emprunteur ; 4° les tarifs pour le calcul des annuités ; 5° le mode et les conditions des remboursements anticipés ; 6° l'intervalle à établir entre le paiement des annuités par les emprunteurs, et le paiement des intérêts du capital par la société ; 7° le mode d'émission et de rachat, et le mode de remboursement des lettres de gage avec ou sans primes, ainsi que le mode d'annulation des lettres de gage remboursées ; 8° la constitution d'un fonds de garantie ou d'un fonds de réserve ; 9° les cas où il y aura lieu à la dissolution de la société, ainsi que les formes et les conditions de la liquidation ; 10° les cautionnements et autres garanties à exiger des directeurs, administrateurs et employés de la société, ainsi que le mode de leur nomination.*

Art. 48, décret du 28 février 1852.

TITRE III

POLICE RURALE GÉNÉRALE

ARRÊTÉS RÉGLEMENTAIRES.

368. Le préfet de chaque département, après avoir pris l'avis du conseil général, prendra des arrêtés permanents (287) :

§ 1. — Sur l'ouverture et la clôture des fuies et colombiers (95, 96, 422 n° 15).

V. art. 454 C. N., L. du 4 août 1789, a t. 2.

§ 2. — Sur les espèces d'arbres et arbustes qui devront être plantés à telle ou telle distance, suivant les distinctions des articles 43 et 46 du présent Code (43, 46, 422 n° 13).

§ 3. — Sur les espèces de plantations et de récoltes inflammables, qui ne pourront être faites qu'à une distance de vingt-cinq mètres des voies ferrées (47, 422 n° 14).

§ 4. — Sur le règlement général du droit de parcours et de vaine pâture, dans les départements ou les communes dans lesquels il n'est pas aboli (72, 422 n° 15).

§ 5. — Sur les cours d'eau qui seront considérés comme des cours d'eau publique, insusceptibles d'acte ou de possession privée (155).

§ 6. — Sur le règlement relatif aux canaux secondaires et aux cours d'eau dont il s'agit dans le second paragraphe de l'article 167, et aux irrigations (167, 425 n° 18).

§ 7. — Sur les règlements des associations syndicales (240, 422 n° 15).

§ 8. — Sur le règlement relatif à une usine établie sur un cours d'eau publique (175, 422 n° 15).

§ 9. — Sur la chasse, pour tout ce qui doit être réglé d'une manière permanente, c'est-à-dire :

1° *L'époque de la chasse des oiseaux de passage autres que la caille, et les modes et procédés de cette chasse.*
Art. 9, n° 1, L. 3 mai 1844.

2° *Le temps pendant lequel il sera permis de chasser*

le gibier d'eau dans les marais, sur les étangs, fleuves et rivières.

Art. 9, n° 2, L. 3 mai 1844.

3° Les espèces d'animaux malfaisants ou nuisibles (82) que le propriétaire, possesseur ou fermier, pourra, en tout temps, détruire sur ses terres non closes, *et les conditions de l'exercice de ce droit, sans préjudice du droit appartenant au propriétaire ou au fermier de repousser ou de détruire même avec des armes à feu, les bêtes fauves qui porteraient dommage à ses propriétés.*

Art. 15, L. 28 avril 1790. — Art. 9, n° 3, L. 3 mai 1844.

4° Pour prévenir la destruction des oiseaux.

Art. 9, n° 1, L. 3 mai 1844.

5° Pour autoriser l'emploi des chiens lévriers pour la destruction des animaux malfaisants ou nuisibles.

Art. 9, n° 2, L. 3 mai 1844.

6° Pour interdire la chasse, pendant les temps de neige (411 n° 1).

Art. 9, n° 3, L. 3 mai 1844.

7° Pour prescrire les précautions de nature à éviter les accidents, incendies et dommages (4, 7, 407, 409).

§ 10. — Sur la pêche, pour tout ce qui doit être réglé d'une manière permanente, c'est-à-dire :

1° L'époque et le temps pendant lesquels la pêche est interdite ;

2° Les procédés et modes de pêche prohibés comme nuisibles au repeuplement du poisson ;

3° Les dimensions des filets, engins et instruments de pêche dont l'usage sera permis, pour la pêche des différentes espèces de poisson (4, 7).

Art. 26, L. 15 avril 1829.

§ 11. — Il fera un règlement sur la culture du riz, dans les lieux où elle serait autorisée par le ministre de l'agriculture (4, 422, n° 15).

369. Le préfet prendra aussi, sans l'avis du conseil général, des arrêtés temporaires :

§ 1. — Sur la destruction des chenilles, hannetons, sauterelles et autres insectes nuisibles à l'agriculture (422 n° 8).

§ 2. — Sur l'échardonnage et la destruction de toutes les plantes qui peuvent compromettre une récolte importante (422 n° 15).

§ 3. — Sur la chasse, battue ou empoisonnement des bêtes sauvages et malfaisantes ; sur les animaux errants (83, 106, 422 n° 15).

L'arrêté indiquera, quels sont les moyens dangereux de destruction qui seront défendus.

§ 4. — Sur les mesures de sûreté et de salubrité exigées par la tranquillité et la santé publiques, dans les villages et campagnes (422 n° 15).

§ 5. — Sur les épizooties (107, 111, 113, 422 n° 15).

§ 6. — Sur la chasse, pour tout ce qui doit être réglé d'une manière temporaire, c'est-à-dire : — *l'époque de l'ouverture et la clôture de la chasse.*

Art. 3, L. 3 mai 1844.

L'époque de la chasse aux oiseaux dont le passage est variable (4, 7, 404, 407, 409).

370. Ces arrêtés indiqueront : —le temps pendant lequel ils devront être exécutés; — les moyens à prendre pour leur exécution ; — le mode de surveillance de cette exécution : — comment seront constatées les contraventions à cette exécution.

371. Tous ces arrêtés, pour être exécutoires, seront insérés suivant leur date, au recueil des actes administratifs du département; ils seront affichés trois jours au moins avant leur exécution, dans toutes les communes qu'ils concernent, à la porte de la mairie et sur toutes les places publiques, et publiés à son de trompe pendant trois jours.

Le préfet pourra les déclarer exécutoires immédiatement et d'urgence, en prenant des mesures particulières pour leur donner toute publicité.

TITRE IV

POLICE RURALE

CHAPITRE Ier. — DES MAIRES.

372. Dans chaque commune, le maire a la police et la surveillance générale des champs.

Il prend toutes les mesures nécessaires, pour en assurer la salubrité et la tranquillité, pour éviter, atténuer ou circonscrire tout ce qui pourrait porter atteinte aux propriétés et aux récoltes, par exemple, en cas d'inondation, d'incendie, d'épizootie (107, 108, 422 n° 15).

En ces cas, les arrêtés et les ordres du maire sont

exécutoires d'urgence, si l'urgence est par lui déclarée (113).

Il reçoit les dénonciations et plaintes des propriétaires agriculteurs et ouvriers ruraux.

Il est invité à concilier les parties.

V. art. 11, Code I. C.

373. Il prend des arrêtés sur toutes les exploitations de carrières, mines, tuileries, fours à chaux, et autres de même nature, offrant des dangers pour la sûreté publique ou les propriétés voisines (6, 422 n° 15).

CHAPITRE II. — Des gardes-champêtres

374. Les gardes-champêtres seront chargés de surveiller les champs et récoltes, de constater les contraventions dommages et faits ruraux qui sont commis, d'en rechercher les auteurs, de recevoir les plaintes des propriétaires, cultivateurs et ouvriers ruraux, de les transmettre au maire.

Ils surveillent aussi les voies publiques (193), les biens communaux autres que les bois.

Ils sont encore chargés de faire les injonctions et significations émanées de l'autorité administrative.

V. art. 16, Code I. C.

375. L'adjudant, le brigadier et les gardes-champêtres sont nommés par le préfet.

Ils seront choisis de préférence parmi les gendarmes, les anciens militaires, employés du chemin de fer et autres déjà habitués à la discipline (D. R. 61).

Les gardes-champêtres prêteront serment devant le juge de paix de leur canton, l'adjudant et les brigadiers devant le tribunal de l'arrondissement.

V. Art. 1 et 5, sect. 7, tit. 1, L. 6 octobre 1791. — Art. 12, L. 18 juillet 1837. — Ordonnance du 29 novembre 1820, art. 1er.

376. Il y aura un ou plusieurs gardes dans chaque commune, ou un garde pour plusieurs communes.

V. art. 2 tit. 1, sect. 7, L. 6 octobre 1791. — Art. 3, L. 20 messidor an III. — Art. 38, Code 3 brumaire an IV.

377. Ils sont embrigadés, et soumis à la discipline. Il y aura un brigadier par cinq gardes au plus, et un adjudant sous-officier au chef-lieu de canton. L'adjudant aura la surveillance et la direction de toutes les brigades du canton ; en outre, il remplira les fonctions du commissaire de police cantonal. Ils sont tous placés sous l'inspection et l'autorité hiérarchique des officiers de gendarmerie.

378. Les gardes-champêtres auront un costume officiel. Toutefois dans leurs tournées, il suffira qu'ils soient porteurs d'une bandoulière, ayant une plaque distinctive sur la poitrine.

V. art. 4, sect. 7, tit. 1, L. 6 octobre 1791

379. Les brigadiers et gardes communaux sont des auxiliaires de la justice, ayant toutes les attributions qui leur sont conférées par les articles 16 et 17 du Code d'instruction criminelle.

380. Un décret impérial réglera tout ce qui est relatif à l'organisation, à l'embrigadement, à la hiérarchie, à la

discipline, instruction, direction, surveillance, inspection, armes, costume, retraite, peines et punitions du corps des gardes-champêtres.

Le traitement des brigadiers et gardes-champêtres, sera fourni, partie par l'État, partie par le département, partie par la commune, dans la proportion qui sera fixée par le même décret.

V. Ordonnance du 24 juillet 1816. — Art. 42, L. 18 juillet 1837. — Art. 16, 17, L. 31 juillet 1867.

381. Les amendes appartiendront à l'État, qui paiera aux gendarmes et gardes champêtres rédacteurs du procès-verbal, une gratification proportionnée à l'amende prononcée, suivant la proportion qui sera établie par le décret d'exécution (D. R. 71).

V. ordonnance 5 mai 1845, art. 1.

CHAPITRE III. — Des procès-verbaux.

382. Les procès-verbaux des maires, adjudants, brigadiers et gardes-champêtres seront datés, écrits et signés par eux, sous peine de nullité (113).

Ils contiendront leur qualité, l'énonciation sommaire du fait qui en est l'objet, les noms du plaignant ou de celui qui a souffert le dommage, les nom, prénoms, profession, demeure et domicile, et le signalement du délinquant ou de celui auquel le fait est imputé. S'il est inconnu, le procès-verbal en fera mention (D. R. 75).

Le garde saisira les animaux abandonnés, ou trouvés en délit ou en contravention; les objets qui y auront servi; les productions ou effets enlevés; il les mettra en séquestre. Dans ce cas, il remettra copie de son procès-verbal au greffe de la justice de paix.

V. Art. 16, Code I. C. — Art. 165, 167, C. F.

383. Les procès-verbaux des gardes-champêtres, seront lus et affirmés devant le maire de la situation ou devant le juge de paix du canton, dans les trois jours de la clôture.

Ils seront enregistrés gratis, sauf recouvrement ultérieur du droit.

V. art. 165, 170, C. F.— Art. 1, L. 23 thermidor an iv. — L. 22 frim. an vii, art. 70, §. 1, n° 4. — Art. 11, L. 28 floréal an x. — Art. 24, L. 3 mai 1844. — Ordonnance du 22 mai 1846. — Art. 491, décret du 1er mars 1854.

384. Les procès-verbaux du maire ne seront reçus que pour sa commune, si les faits s'y sont passés. Ceux de l'adjudant de police, des brigadiers et gardes, seront valables pour tout le canton.

385. Les procès-verbaux ruraux feront foi de leur contenu jusqu'à preuve du contraire.

V. Art. 6, sect. 7, tit. 1, L. 6 octobre 1791. — Décret du 1er mars 1854, art. 498. — Décret du 24 avril 1858, art. 498. — Art. 154 Code I. C.

386. *Les délinquants et contrevenants ruraux ne pourront être saisis ni désarmés ; néanmoins s'ils sont déguisés ou masqués, s'ils refusent de faire connaître leurs noms, ou s'ils n'ont pas de domicile connu, ils seront conduits immédiatement devant le maire ou le juge de paix, lequel s'assurera de leur individualité.*

Art. 25, L. 3 mai 1844.

Il sera fait mention du tout sur le procès-verbal.

387. Les notifications de l'autorité, à faire par les gardes-champêtres, seront sur papier libre, en original et en copie (10, 17, 64, 113).

Elles mentionneront la date de la signification, les qualités du garde et des parties, l'objet de la signification et la personne à laquelle la copie aura été laissée.

Les articles 68 et 69 du Code de procédure civile sont applicables à ces notifications.

Les injonctions d'urgence seront faites verbalement à personne, et constatées dans les vingt-quatre heures sur le carnet du garde.

388. Les maires enverront immédiatement leurs procès-verbaux, au sous-préfet et à l'officier de gendarmerie, les brigadiers les remettront au brigadier-chef, et celui-ci au sous-préfet et à l'officier ; les gardes-champêtres les remettront à leur brigadier en double minute.

V. art. 15, 18 et 20 du Code I. C. — Art. 43, Code du 3 brumaire an IV.

CHAPITRE IV. — Des gardes-champêtres particuliers.

389. Chaque propriétaire peut avoir un ou plusieurs gardes particuliers.

Ils seront nommés par le préfet, sur la présentation du propriétaire.

Les prescriptions des articles 374 paragraphe premier, 575, 582, 383 premier paragraphe, sont applicables aux gardes particuliers.

Ils ne pourront surveiller et faire des procès-verbaux, que pour les propriétés confiées à leur garde, sauf ce

qui est dit en l'article 20 du Code d'instruction criminelle.

Ils enverront leurs procès-verbaux à l'adjudant de police de leur canton.

Le propriétaire poursuivra la réparation civile, résultant du fait commis sur sa propriété, même devant les
tribunaux de répression, s'il s'agit d'un délit ou d'une contravention.

Le procès-verbal du garde particulier fera foi jusqu'à
la preuve contraire.

V. art. 4, L. messidor an III. — Art. 40, L. 3 brumaire an IV. —
Art. 20, 64, 145, Code I. C. — 117 C. F.

TITRE V

DES PEINES

CHAPITRE Ier. — DES DÉLITS.

590. *Quiconque fabriquera un faux passeport, un faux
permis de chasse, un faux livret d'ouvrier soit industriel, soit
rural, un registre de patron ou de propriétaire et fermier,
ou les falsifiera lorsqu'ils étaient originairement véritables,
ou en fera usage, sera puni d'un emprisonnement de six
mois au moins et de trois ans au plus (289, 290 D. R.
41).*

*Tout ouvrier industriel ou rural, coupable de s'être fait
délivrer un livret, soit sous un faux nom, soit au moyen
de fausses déclarations ou de faux certificats, ou d'avoir
fait usage d'un livret qui ne lui appartient pas, est puni*

d'un emprisonnement de trois mois à un an (289, 290
D. R. 43).

Les mêmes peines seront applicables, dans les mêmes
circonstances, à ceux qui auront fabriqué, falsifié les déclarations d'abandon de propriété dont il est question à
l'article 8 du présent Code, ou d'avoir commis un faux
dans ces déclarations (8).

V. art. 153, C. P. — L. 22 juin 1854 art. 12 et 13. — L. 13 mai
1863.

391. *Sera puni d'un emprisonnement de six jours
à trois ans, et d'une amende de 16 francs à 3,000 francs,
ou de l'une de ces deux peines seulement, quiconque à l'aide
de violences, voies de fait, menaces ou manœuvres fraudu-
leuses, aura amené ou maintenu, tenté d'amener ou de
maintenir une cessation concertée de travail, dans le but
de forcer la hausse ou la baisse des salaires, ou de porter
atteinte au libre exercice de l'industrie ou du travail.*

Art. 414, C. P. — L. 25 mai 1864 art. 1er.

392. *Lorsque les faits punis par l'article précédent
auront été commis par suite d'un plan concerté, les cou-
pables pourront être mis par l'arrêt ou le jugement, sous
la surveillance de la haute police, pendant deux ans au
moins et cinq ans au plus.*

Art. 415, C. P. — L. 25 mai 1864, art. 1er.

393. *Seront punis d'un emprisonnement de six jours
à trois mois et d'une amende de 16 à 300 francs, ou de
l'une de ces deux peines seulement, tous ouvriers, patrons
et entrepreneurs d'ouvrages qui, à l'aide d'amendes, défenses, prescriptions, interdictions, prononcées par suite
d'un plan concerté auront porté atteinte au libre exercice de
l'industrie ou du travail.*

Art. 416, C. P. — L. 25 mai 1864, art. 1er.

594. *Les articles 391, 392 et 393 ci-dessus sont applicables aux propriétaires et fermiers, ainsi qu'aux moissonneurs, domestiques et ouvriers de la campagne.*

L. 25 mai 1864, art. 2.

595. *Quiconque aura trompé l'acheteur sur le titre des matières d'or ou d'argent, sur la qualité d'une pierre fausse vendue pour fine, sur la nature de toute marchandise ; quiconque par l'usage de faux poids ou de fausses mesures, aura trompé sur la quantité de choses vendues, sera puni de l'emprisonnement pendant trois mois au moins, un an au plus, et d'une amende qui ne pourra excéder le quart des restitutions et dommages-intérêts, ni être au-dessous de 50 francs.*

Les objets du délit, ou leur valeur, s'ils appartiennent encore au vendeur, seront confisqués ; les faux poids et les fausses mesures seront aussi confisqués et de plus ils seront brisés.

Art. 423, C. P.

Le tribunal pourra ordonner l'affiche du jugement dans les lieux qu'il désignera, et son insertion intégrale ou par extrait, dans tous les journaux qu'il désignera, le tout aux frais du condamné.

L. 13 mai 1863.

En cas de vice rédhibitoire reconnu, les peines ci-dessus sont applicables au vendeur, s'il y a eu de sa part tromperie ou artifice pour parvenir à la vente (116).

596. *Seront punis d'un emprisonnement de trois mois à un an, et d'une amende de cinquante à deux mille francs :*

1° Ceux qui, en vendant, ou mettant en vente des engrais ou amendements, auront trompé ou tenté de tromper l'acheteur, soit sur leur nature, leur composition ou le dosage des éléments qu'ils contiennent, soit sur leur provenance, soit en les désignant sous un nom qui, d'après l'usage, est donné à d'autres substances fertilisantes.

2° Ceux qui, sans avoir prévenu l'acheteur, auront vendu ou tenté de vendre des engrais ou amendements, qu'ils sauront être falsifiés, altérés ou avariés.

Le tout sans préjudice de l'application de l'article 1er, § 5, de la loi du 27 mars 1851, en cas de tromperie sur la quantité de la marchandise.

397. En cas de récidive commise dans les cinq ans qui ont suivi la condamnation, la peine pourra être élevée jusqu'au double du maximum des peines édictées par l'article ci-dessus.

398. Les tribunaux pourront ordonner que les jugements de condamnation soient, par extrait ou intégralement, aux frais des condamnés, affichés dans les lieux, et publiés dans les journaux qu'ils détermineront.

399. L'article 463 du Code pénal est applicable aux délits prévus par les trois articles ci-dessus.

400. Quiconque aura, en tout ou en partie, comblé des fossés, détruit des conduites d'eau ou fossés évacuateurs de drainage (Art. 6. L. 10 juin 1854), un appareil quelconque d'irrigation ou de mise en mouvement d'une usine, des clôtures de quelques matériaux qu'elles soient faites, coupé ou arraché des haies vives ou sèches ; quiconque aura déplacé ou supprimé des bornes ou pieds corniers, ou autres arbres plantés ou reconnus pour établir les limites entre différents héritages, sera puni d'un emprisonnement qui ne

pourra pas être au-dessous d'un mois ou excéder une année,
et d'une amende égale au quart des restitutions et des dommages-intérêts, qui, dans aucun cas, ne pourra être au-
dessous de cinquante francs.

Art. 456, C. P.

401. Seront punis d'une amende qui ne pourra excéder
le quart des restitutions et des dommages-intérêts, ni être
au-dessous de cinquante francs, les propriétaires ou fermiers, ou toute personne jouissant de moulins, usines ou
étangs, qui par l'élévation du déversoir de leurs eaux au-
dessus de la hauteur déterminée par l'autorité compétente,
aurait inondé les chemins ou les propriétés d'autrui (422
n° 17, 424 n° 16).

S'il est résulté du fait quelques dégradations, la peine
sera, outre l'amende, d'un emprisonnement de six jours à
un mois.

Art. 457, C. P. — Art. 16, L. 6 octobre 1791.

Tout obstacle apporté volontairement au libre écoulement
des eaux sera puni des peines ci-dessus.

Art. 6, L. 10 juin 1854.

402. Les préfets détermineront, par des arrêtés publiés
au moins dix jours à l'avance, l'époque de l'ouverture et
celle de la clôture de la chasse (4, 368 § 9, 369 § 7).

Art. 3, L. 3 mai 1844.

403. Les permis de chasse seront délivrés, sur l'avis
du maire, par le sous-préfet de l'arrondissement (¹) dans
lequel celui qui en fera la demande aura sa résidence ou
son domicile.

---

(1) Art. 6, décret du 13 avril 1861.

La délivrance du permis de chasse donnera lieu au paiement d'un droit de quinze francs au profit de l'État, et de dix francs au profit de la commune dont le maire aura donné l'avis énoncé au paragraphe précédent.

Les permis de chasse seront personnels ; ils seront valables pour tout l'empire, et pour un an seulement.

Art. 5, L. 3 mai 1844.

404. *Le sous-préfet pourra refuser le permis de chasse :* 1° *à tout individu majeur qui ne sera point personnellement inscrit, ou dont le père ou la mère ne serait pas inscrit au rôle des contributions ;* 2° *à tout individu qui, par une condamnation judiciaire, a été privé de l'un ou de plusieurs des droits énumérés dans l'article 42 du Code pénal, autres que le droit de port d'armes ;* 3° *à tout condamné à un emprisonnement de plus de six mois, pour rébellion et violence envers les agents de l'autorité publique ;* 4° *à tout condamné pour délit d'association illicite, de fabrication, débit, distribution de poudre, armes ou autres munitions de guerre, de menaces écrites au de menaces verbales avec ordre ou sous condition ; d'entraves à la circulation des grains, de dévastations d'arbres ou de récoltes sur pied, de plants venus naturellement ou faits de main d'homme ;* 5° *à ceux qui auront été condamnés pour vagabondage, mendicité, vol, escroquerie, ou abus de confiance.*

La faculté de refuser le permis de chasse aux condamnés dont il est question dans les paragraphes 3, 4 et 5, cessera cinq ans après l'expiration de la peine.

Art. 6, L. 3 mai 1844.

405. *Le permis ne sera pas délivré :* 1° *aux mineurs qui n'auront pas seize ans accomplis ;* 2° *aux mineurs de seize à vingt et un ans, à moins que le permis ne soit demandé*

pour eux, par leur père, mère, tutrice, tuteur ou curateur porté au rôle des contributions ; 3° aux interdits ; 4° aux gardes et brigadiers *champêtres et forestiers de l'État et des communes, et aux gardes-pêche.*

Art. 7, L. 3 mai 1844.

406. *Le permis de chasse ne sera pas accordé : 1° à ceux qui, par suite d'une condamnation, sont privés du droit de port d'armes ; 2° à ceux qui n'auront pas exécuté les condamnations prononcées contre eux pour un délit de chasse ; 3° à tout condamné placé sous la surveillance de la haute police.*

Art. 8, L. 3 mai 1844.

407. *Dans le temps où la chasse est ouverte, le permis donne, à celui qui l'a obtenu, le droit de chasser de jour, à tir et à courre sur ses propres terres, et sur les terres d'autrui avec le consentement de celui à qui le droit de chasse appartient* (4, 86, 409).

Tous autres moyens de chasse, à l'exception des furets et des bourses destinés à prendre le lapin, sont formellement prohibés.

Art. 9, L. 3 mai 1844. — Voir pour le surplus de cet article et pour l'article 10, notre article 368 § 9.

408. *Dans chaque département, il est interdit de mettre en vente, d'acheter, de transporter et de colporter du gibier pendant le temps où la chasse n'est pas ouverte,* et pendant le temps de neige, à moins qu'il ne soit justifié que ce gibier a été tué avant la neige (368 § 9 n° 6, 411 n° 5).

En cas d'infraction à cette disposition, le gibier sera saisi, et immédiatement livré à l'établissement de bienfaisance le plus voisin, en vertu soit d'une ordonnance de juge de paix, si la saisie a eu lieu au chef-lieu de canton, soit d'une autorisation du maire, si le juge de paix est absent, ou si la saisie a été faite dans une commune autre que celle du chef-lieu. Cette ordonnance ou cette autorisation sera délivrée sur la requête des agents ou gardes qui auront opéré la saisie, et sur la présentation du procès-verbal dressé.

Art. 3, L. 3 mai 1844.

Les employés des contributions indirectes et des octrois ont qualité pour rechercher et constater ce délit par procès-verbal.

Art. 3, L. 3 mai 1844.

La recherche du gibier ne pourra être faite à domicile que chez les aubergistes, chez les marchands de comestibles et dans les lieux ouverts au public.

Art. 4, L. 3 mai 1844. — Le dernier paragraphe de cet article est porté sous l'article 88 ci-dessus.

409. *Seront punis d'une amende de seize à* cinquante *francs :*

1° *Ceux qui,* munis d'un permis de chasse, *auront chassé sur le terrain d'autrui sans le consentement du propriétaire,* après l'enlèvement de toutes les récoltes. Ce délit ne pourra être poursuivi par le ministère public que sur la plainte du propriétaire, en outre de l'action civile, ou après celle-ci. *Pourra ne pas être considéré comme délit de chasse, le fait du passage des chiens courants sur l'héritage d'autrui, lorsque ces chiens seront à la suite d'un gibier lancé sur la propriété de leur maître, sauf l'action civile, s'il y a lieu, en cas de dommage.*

Art. 11, n° 2 et 26, L. 3 mai 1844.

2° *Ceux qui auront contrevenu aux arrêtés des préfets concernant les oiseaux de passage, le gibier d'eau, l'emploi*

des chiens lévriers ; ou aux arrêtés concernant la des-
truction des oiseaux et celle des animaux nuisibles ou mal-
faisants (82, 368 § 9 n° 3).

V. art. 11, n° 3, L. 3 mai 1844.

3° Ceux qui auront détruit ou pris sur leur propriété des œufs, couvées, ou nichées de gibier (88).

4° Les fermiers de la chasse, soit dans les bois soumis au régime forestier, soit sur les propriétés dont la chasse est louée au profit des communes ou établissements publics, qui auront contrevenu aux clauses et conditions de leur cahier des charges, relativement à la chasse.

Art. 11, n° 5, L. 3 mai 1844.

410. *Seront punis d'une amende de cinquante à cent francs :*

1° Ceux qui auront chassé, sans permis de chasse ;
Art. 11, n° 1, L. 3 mai 1844.

2° Ceux qui, ayant un permis, *auront chassé sur le terrain d'autrui, sans le consentement du propriétaire et avant l'enlèvement de toutes les récoltes, ou si le délit a été commis sur un terrain entouré d'une clôture* conforme à l'article 65 ci-dessus, *mais non attenant à une* maison habitée, *s'il y a plainte de la part du propriétaire.*

Pourra ne pas être considéré comme délit de chasse, le fait du passage des chiens courants comme en l'article précédent, sauf le dommage.
Art. 11, n° 2, L. 3 mai 1844.

La peine pourra être doublée, si le délinquant n'a pas de permis de chasse.

3° Ceux qui auront pris ou détruit sur le terrain d'autrui des œufs, couvées, ou nichées de gibier (88).
Art. 11, n° 4, L. 3 mai 1844.

411. *Seront punis d'une amende de* cent *à deux cents francs, et pourront en outre l'être, d'un emprisonnement de six jours à deux mois :*

1° Ceux qui auront chassé en temps prohibé ou pendant la neige (368 § 9, n° 6).

Art. 12, n° 1, L. 3 mai 1844.

2° Ceux qui auront chassé pendant la nuit ou à l'aide d'engins ou instruments prohibés, ou par d'autres moyens que ceux qui sont autorisés par l'article 368 § 9, n° 1.

Art. 12, n° 2, L. 3 mai 1844.

3° Ceux qui seront détenteurs, ou ceux qui seront trouvés munis ou porteurs, hors de leur domicile, de filets, engins ou autres instruments de chasse prohibés (368 § 9, n° 2.)

Art. 12, n° 3, L. 3 mai 1844.

4° Ceux qui, en temps où la chasse est prohibée, auront mis en vente, vendu, acheté, transporté ou colporté du gibier (408).

Art. 12, n° 4, L. 3 mai 1844.

5° Ceux qui auront employé des drogues ou appâts qui sont de nature à énivrer le gibier ou à le détruire.

Art. 12, n° 5, L. 3 mai 1844.

6° Ceux qui auront chassé avec appeaux, appelants ou chanterelles.

Art. 12, n° 6, L. 3 mai 1844.

Les peines portées par le présent article, pourront être portées au double contre ceux qui auront chassé pendant la nuit sur le terrain d'autrui, et par l'un des moyens spécifiés au numéro 2, si les chasseurs étaient munis d'une arme apparente ou cachée.

Les peines déterminées par les articles 409, 410 et par le présent article, seront toujours portées au maximum lorsque les délits auront été commis par les brigadiers, gardes-champêtres ou forestiers des communes, ainsi que par les gardes forestiers de l'État et des établissements publics, et les gardes-pêche, sans qu'il soit nécessaire pour les poursuivre en délit, d'obtenir l'autorisation du conseil d'État ou de leur administration supérieure.

Art. 12, L. 3 mai 1844.

412. *Celui qui aura chassé sur le terrain d'autrui sans son consentement, si ce terrain est attenant à une maison habitée et s'il est entouré d'une clôture légale (63), sera puni d'une amende de cent à trois cents francs, et pourra l'être d'un emprisonnement de six jours à trois mois.*

Si le délit a été commis pendant la nuit, le délinquant sera puni d'une amende de deux cents à mille francs, et pourra l'être d'un emprisonnement de trois mois à deux ans, sans préjudice dans l'un et l'autre cas, s'il y a lieu, de plus fortes peines prononcées par le Code pénal.

Art. 13, L. 3 mai 1844.

413. *Les peines déterminées par les quatre articles précédents pourront être portées au double, si le délinquant était en état de récidive, s'il était déguisé ou masqué (¹), s'il a pris un faux nom, s'il a usé de violence envers les personnes, ou s'il a fait des menaces, sans préjudice s'il y a lieu, de plus fortes peines prononcées par la loi.*

Lorsqu'il y aura récidive, dans les cas prévus aux articles 409 et 410, la peine de l'emprisonnement de six jours à trois mois, pourra être appliquée si le délinquant n'a pas satisfait aux condamnations précédentes.

Art. 14, L. 3 mai 1844.

---

(1) Art. 39, T. 2, L. 6 octobre 1791.

414. *Il y a récidive, lorsque, dans les deux ans qui ont précédé l'infraction, le délinquant a déjà été condamné.*

Art. 15, L. 3 mai 1844.

415. *Tout jugement de condamnation prononcera la confiscation des filets, engins et autres instruments de chasse. Il ordonnera en outre, la destruction des instruments de chasse prohibés. Il prononcera également la confiscation des armes, excepté dans le cas où le délit aura été commis par un individu muni d'un permis de chasse, dans le temps où la chasse est autorisée.*

Si les armes, filets, engins et autres instruments de chasse, n'ont pas été saisis, le délinquant sera condamné à les représenter, ou à en payer la valeur, suivant la fixation qui en sera faite par le jugement, sans qu'elle puisse être au-dessous de cinquante francs.

Les armes, engins ou autres instruments de chasse, abandonnés par les délinquants restés inconnus, seront saisis et déposés au greffe du tribunal compétent.

La confiscation, et s'il y a lieu, la destruction en seront ordonnées sur le vu du procès-verbal.

Dans tous les cas, la quotité des dommages-intérêts est laissée à l'appréciation des tribunaux.

Art. 16, L. 3 mai 1844.

416. *En cas de conviction de plusieurs délits prévus ci-dessus ou par le Code pénal ordinaire, ou par les lois spéciales, la peine la plus forte sera prononcée.*

Les peines encourues pour des faits postérieurs à la déclaration du procès-verbal de contravention pourront être cumulées, s'il y a lieu, sans préjudice des peines de la récidive.

Art. 17, L. 3 mai 1844.

417. *En cas de condamnation pour délits de chasse, les tribunaux pourront priver le délinquant du droit d'obtenir un permis de chasse, pour un temps qui n'excèdera pas cinq ans.*

Art. 18, L. 3 mai 1844.

418. *L'article 463 du Code pénal ne sera pas applicable aux délits prévus ci-dessus.*

Art. 20, L. 3 mai 1844.

419. *Ceux qui auront* concouru au même délit *de chasse, seront condamnés solidairement aux amendes, dommages-intérêts et frais.*

V. art. 27, L. 3 mai 1844.

Ceux qui auront aidé le chasseur d'une manière active dans la perpétration du fait, encourront solidairement la même condamnation.

420. *Toute action relative aux délits prévus par les articles ci-dessus, sera prescrite par un laps de trois mois, à compter du jour du délit.*

Art. 29, L. 3 mai 1844.

421. *Les dispositions ci-dessus, relatives au droit de chasse, ne sont pas applicables aux propriétés de la couronne.*

Ceux qui commettraient des délits de chasse dans ces propriétés, seront poursuivis et punis conformément aux articles précédents.

Art. 30, L. 3 mai 1844.

CHAPITRE II. — Contraventions et peines.

—

Section Iʳᵉ. — *Première classe.*

422. Seront punis d'amende, depuis un franc jusqu'à cinq francs inclusivement :

1° 2° 3° 4°.

Art. 471, C. P.

5° Ceux qui auront négligé ou refusé d'exécuter les règlements ou arrêtés concernant la petite voirie et les chemins ruraux, *ou d'obéir à la sommation émanée de l'autorité administrative, de réparer ou de démolir les édifices menaçant ruine.*

6° 7°.

8° Ceux qui auront négligé d'écheniller dans les campagnes et jardins, conformément aux arrêtés et règlements à ce relatifs, ou qui ne se seront pas conformés aux arrêtés sur les insectes nuisibles à l'agriculture (369 § 1).

9° 10° etc.

14° Ceux qui auront abandonné *ou laissé passer leurs bestiaux ou leurs bêtes de trait, de charge ou de monture, sur le terrain d'autrui, avant l'enlèvement de la récolte (424 n° 10, 425 n° 10).*

Art. 12, L. 6 octobre 1791. — 471 n° 14, 479 n° 10, C. P.

Ceux qui les y auront conduits ou fait dépaître, après l'enlèvement de la récolte (425 n° 10).

Le maximum sera toujours appliqué lorsqu'il s'agira de chèvres (424 n° 10, 425 n° 10).

15° Ceux qui auront contrevenu aux règlements léga-

lement faits par l'autorité administrative, et ceux qui ne se seront conformés aux règlements et arrêtés publiés par l'autorité municipale, en vertu des articles 3 et 4, titre XI, de la loi du 16-24 août 1790, de l'article 46, titre I de la loi du 19-22 juillet 1791, des articles 42 paragraphe dernier, 72, 73, 74, 77, 78, 82 § 2, 83, 96, 101, 103, 104, 105, 106, 107, 108, 110, 111, 115, 240, 368, 369, 372, 373 ci-dessus, qui ne sont pas punis par une disposition spéciale du présent Code ou du Code pénal.

17° Ceux qui inondent la propriété d'autrui, lorsqu'elle n'est pas couverte de récolte (401, 424 n° 16).

V. art. 15, L. 6 octobre 1791.

18° Ceux qui auront allumé du feu dans les champs, à moins de cent mètres des maisons, édifices, bruyères, meules, tas de grains, pailles, foins et fourrages.

V. art. 458 C. P., 148 C. F., art. 10, L. du 6 octobre 1791.

19° Ceux qui auront placé des mulons ou meules de fourrages, de pailles ou de grains, à moins de vingt-cinq mètres des habitations.

20° Ceux qui, dans les douze heures, ou en cas de contagion immédiatement, n'auront pas enfoui les bestiaux et animaux domestiques morts, à un mètre de profondeur et à dix mètres de distance de toute habitation (108).

En outre, le maire pourra les faire enfouir à leurs frais.

21° Ceux qui auront altéré, troublé ou sali les eaux de boisson pour gens et bêtes, indépendamment de peines plus fortes et de plus grands dommages-intérêts en cas d'accident.

22° Celui qui aura établi ou laissé une ruche ou un

rucher, à moins de vingt-cinq mètres d'un chemin public ou de l'habitation d'autrui (92).

25° Ceux qui auront appâté les pigeons et volailles d'autrui (96, 101, 423).

423. La peine d'emprisonnement, pendant trois jours au plus, pourra de plus être prononcée, selon les circonstances, contre ceux qui auront tiré des pièces d'artifice.

Contre ceux qui auront glané, râtelé ou grapillé en contravention au n° 10 de l'article 471 du Code Pénal.

Contre ceux qui auront appâté les pigeons et volailles d'autrui (96, 101, 422 n° 25) ;

Dans les cas d'épizootie.

Art. 473, C. P.

Section II. — *Deuxième classe.*

424. Seront punis d'amende, depuis six francs jusqu'à dix francs inclusivement :

Art. 475, C. P.

1° (Bans de vendange et autres). — Supprimé.

2° 3°.

9° *Ceux qui n'étant propriétaires, usufruitiers, ni jouissant d'un terrain ou d'un droit de passage, y sont entrés et y ont passé dans le temps où ce terrain était chargé de grains en tuyau, de raisins ou autres fruits mûrs ou voisins de la maturité (422 n° 15).*

10° *Ceux qui auraient fait ou laissé passer des bestiaux, animaux de trait, de charge ou de monture, sur le terrain d'autrui, ensemencé ou chargé d'une récolte, en*

quelque saison que ce soit, ou dans un bois taillis appartenant à autrui (422 n° 14, 425 n° 10).

Le maximum sera toujours appliqué lorsqu'il s'agira
de chèvres (422 n° 14, 425 n° 10).

14° (Abrogé par l'article 9 de la loi du 7 mars 1851)
(395). (¹)

*15° Ceux qui déroberont, sans aucune des circonstances
prévues en l'article 388 du Code pénal, des récoltes ou autres productions de la terre qui, avant d'être soustraites,
n'étaient pas encore détachées du sol.*

Art. 388 et 450, C. P. — Art. 36, L. 6 octobre 1791.

16° Ceux qui inondent la propriété d'autrui, lorsqu'elle
est chargée de récolte (422 n° 17, 401).

Art. 15, L. 6 octobre 1791.

SECTION III. — *Troisième classe.*

*425, Seront punis d'une amende de onze francs à
quinze francs inclusivement :*

Art. 479, C. P.

1° 2° 3° 4°.

5° Emploi de faux poids et fausses mesures.

Abrogé par l'article 9 de la loi du 27 mars 1851. — Voir notre
note à l'article 424.

---

(1) La loi du 27 mars 1851 qui a abrogé le n° 14 de l'article 471
du Code pénal, s'applique évidemment aux denrées alimentaires
falsifiées ou corrompues qui viennent des champs; à ce titre, elle
trouve place au Code rural dans le troisième livre, mais comme
cette loi est générale, il n'y a qu'à y renvoyer ici, jusqu'au moment
où elle prendra son rang dans le Code pénal après l'article 423.

10° *Ceux qui mèneront sur le terrain d'autrui des bestiaux, de quelque nature qu'ils soient,* en tout temps, dans les propriétés en état de clôture ou en état de récolte permanente, telles que les prairies, et les plantations pleines faites de main d'homme (422 n° 14, 424 n° 10).

Ceux qui les auront conduits ou fait dépaître dans une propriété non encore dépouillée de ses fruits (422 n° 14).

Le maximum sera toujours appliqué lorsqu'il s'agira de chèvres (422 n° 10, 424 n° 10), ou que les bestiaux auront été gardés à vue.

V. art. 26, L. 6 octobre 1791.

11° *Ceux qui auront dégradé, détérioré* ou embarrassé, *de quelque manière que ce soit, les chemins publics* et leurs fossés d'écoulement ; ceux qui auront fait couler des eaux dans ces fossés, ou qui auront rejeté sur ces chemins les eaux qui en découlent naturellement ; ceux qui auront usurpé sur la largeur de ces chemins (193).

V. art. 40, L. 6 octobre 1791.

12°.

13° Ceux qui auront fait des plantations ou excavations sur le bord des cours d'eau publique ou des routes, hors de la distance prescrite par l'article 46, et par les paragraphes 2 et 4 de l'article 48.

14° Ceux qui auront fait, sur le bord des voies ferrées, des plantations ou récoltes inflammables, hors de la distance prescrite par les articles 47 et 568 paragraphe 3.

15° *Ceux qui auront exercé publiquement et abusivement de mauvais traitements envers les animaux domestiques.*

L. 2 juillet 1850, art. 453 C. P., art. 30, L. 6 octobre 1791.

16° Ceux qui auront contrevenu aux prescriptions du

décret du 12 juin 1804, sur les sépultures dans les champs.

V. art. 2 et 14, décret du 12 juin 1804.

17° Ceux qui auront enlevé du fumier, de la marne ou autres engrais portés sur les champs, ou des terres d'amendement.

V. art. 33, L. 6 octobre 1791.

18° Ceux qui ne se seront pas conformés aux règlements et arrêtés prescrits en matière de dessèchement de marais, d'endiguement des cours d'eau publique, d'établissement d'étang, de défenses contre les cours d'eau publique et de leur usage, d'usines, d'après les articles 128, 138, 143, 152, 155, 161, 164, 167 et 173 du présent Code.

426. Dans les divers cas des articles 422, 424 et 425 du Code rural, le maximum de la peine sera toujours prononcé, et la peine d'emprisonnement pourra l'être, contre ceux qui, sommés par un agent de l'autorité, n'auront pas déclaré exactement leurs noms, qualité et domicile (382, 386), et pour les contraventions commises pendant la nuit.

V. art. 14, L. 3 mai 1844.

427. Lorsqu'il aura été fait quelque chose de contraire aux prescriptions des articles qui précèdent, ou lorsqu'il n'aura pas été obéi à l'une de ces prescriptions, outre la peine de police, le juge ordonnera l'enlèvement ou la destruction de ce qui aura été fait, ou il condamnera à faire, suivant les cas, dans un délai fixé par le jugement, et passé lequel, il sera procédé d'autorité, à la destruction ou à l'exécution aux frais du condamné; sur le tout lorsqu'il y aura lieu.

Il pourra toujours être fait appel de cette dernière disposition.

Dispositions finales.

428. Toutes les lois, ordonnances, décrets, arrêtés, règlements, coutumes, usages et prescriptions de quelque nature qu'elles soient, de quelque autorité qu'elles soient émanées, sont abrogées en tout ce qu'elles ont de contraire au présent Code (6, 46, 288, 366).

429. Pour l'exécution du présent Code, il sera fait des règlements d'administration publique, qui en seront le complément et qui auront force de loi (2, 9, 380, 381).

DÉCRET RÈGLEMENTAIRE

SUR L'EXÉCUTION

DU CODE RURAL.

TITRE I

—

DU DROIT DE PROPRIÉTÉ

CHAPITRE Iᵉʳ. — PROPRIÉTÉ RURALE.

Art. 1ᵉʳ. La culture du tabac continue à être régie par les lois et ordonnances sur la matière, notamment par la loi du 28 avril 1816 (C. R. 3).

Le ministre de l'agriculture fixera les départements dans lesquels la culture du riz pourra être autorisée. Il prescrira les mesures générales et les conditions de cette culture (C. R. 3).

Les préfets prendront des arrêtés, pour préciser exactement les parties de leur département qui seront autorisées à recevoir des rizières, les époques où elles devront être faites, pour déterminer les moyens de dérivation des eaux nécessaires, la hauteur de ces eaux, les mesures de sûreté, de salubrité exigées, celles de la préservation de ces récoltes (C. R. 368 § 11, 422, nᵒ 15).

CHAPITRE II. — Du bornage.

2. Les frais du bornage général ou du terrier, dans chaque commune, seront payés, un tiers par l'État, un tiers par les propriétaires, un tiers par la commune et le département (C. R. art. 9).

L'État sera chargé de sa confection, sous la direction du ministre de l'agriculture, moyennant les deux tiers de la dépense à fournir par les propriétaires, la commune et le département.

Ces frais seront recouvrables comme les impôts directs.

Ils seront fixés dans un tarif, rendu public et dressé par le directeur général du cadastre, en prenant pour base, outre les déboursés, la longueur des lignes divisoires et le nombre des angles de chaque parcelle. Ce tarif sera approuvé par le ministre de l'agriculture.

3. Dans chaque département, le directeur des domaines, l'inspecteur et les vérificateurs de l'enregistrement, deviendront aussi directeur, inspecteur et conservateurs du cadastre.

Le conservateur du cadastre aura le même ressort que le conservateur des hypothèques.

4. Il sera créé au ministère de l'agriculture une administration du cadastre, composée : d'un directeur général du cadastre, d'inspecteurs généraux du cadastre, d'ingénieurs du cadastre de première, deuxième et troisième classe.

Un arrêté du ministre de l'agriculture dûment approuvé,

fixera le nombre des inspecteurs et des ingénieurs du cadastre, leur traitement annuel.

Ce ministre nommera les inspecteurs ; le directeur général nommera les ingénieurs. Ils détermineront respectivement, leur circonscription et leurs travaux.

5. Il sera créé dans l'empire, une école spéciale pour
le cadastre, dépendant du ministère de l'agriculture.

Un arrêté du ministre de l'agriculture, dûment approuvé,
fixera : la ville où cette école sera créée. — le personnel
administratif et enseignant de l'école, — les conditions
du concours pour l'entrée et la sortie de l'école, — le
nombre des élèves à admettre dans l'école, le rang de leur
sortie, — le prix de la pension à l'école, — la durée des
études à l'école. Il y aura sur le nombre total des élèves,
un dixième de bourses et un dixième de demi-bourses,
données au concours tel qu'il est établi pour les autres
écoles spéciales.

6. Il sera fait, dans toute l'étendue de l'empire, une
triangulation des départements fixant sur une carte générale les limites de chaque département.

Il sera fait dans chaque département, une triangulation
fixant les limites de chaque arrondissement, de chaque canton, de chaque commune.

Des bornes règlementaires, en nombre suffisant, seront
plantées pour la division de chacune de ces circonscriptions.

7. Il sera fait aussi, une péréquation générale de l'impôt, basée sur le revenu, tel qu'il aura été successivement
déterminé par le terrier de chaque commune (G. R. 14).

A cet effet, il sera pris par le ministre des finances, de

concert avec le ministre de l'agriculture, telles mesures nécessaires à cette péréquation exacte.

La commission de péréquation du conseil d'État sera nommée par l'Empereur, les sous-commissions seront instituées par le ministre des finances.

8. Le ministre de la justice désignera, dans chaque tribunal, le magistrat qui sera chargé de la conciliation des parties, dans les opérations d'abornement (C. R. 15).

En cas de transport, le juge recevra l'indemnité comme en matière criminelle.

9. Les registres et feuilles du terrier seront fournis par l'État, sur un type donné par le directeur général du cadastre; ils seront sur papier timbré de dimension (C. R. 18). Toutes les parties du terrier qui pourront être soumises à une formule générale ou à des cadres semblables, seront imprimées sur un type uniforme.

Les plans pourront être timbrés à l'extraordinaire.

Tous les certificats ou plans fournis au public par l'administration, seront aussi sur papier timbré ou toile calque timbrée.

Les feuilles d'envoi seront sur timbre gratis.

10. Le coût des certificats sera de cinq centimes par numéro du cadastre, de dix centimes par parcelle pour les plans, de cinquante centimes par rôle de vingt-cinq lignes à la page et de quinze syllabes à la ligne, pour les expéditions prises sur le terrier (C. R. 18).

11. Les bornes-repères et les bornes divisoires seront faites sur un type commun, indiquant leur forme parti-

culière et leur position ; elles porteront un signe particulier et un numéro (C. R. 18).

12. Le directeur général du cadastre est autorisé à donner aux agents de son administration, des instructions générales pour l'exécution des opérations à faire en vertu du Code rural, notamment en ce qui concerne les règles à suivre dans les opérations du terrier, la levée des plans, la dresse des matrices et registres des cotes, les mutations à opérer, la conservation des cadastres et les modifications qu'ils devront recevoir, le tout pour en assurer la régularité et la bonne tenue.

13. Le ministre de l'agriculture, sur l'avis du directeur général du cadastre, fixera le coût des opérations cadastrales par angle et par longueur de ligne, ainsi que les frais des bornes réglementaires.

CHAPITRE III. — Parcours et vaine pature, Biens communaux.

14. Le conseil municipal de chacune des communes où s'exerce le parcours ou la vaine pâture, ou le pâturage dans les terrains communaux, fera, tous les cinq ans, un règlement de pâturage conforme au droit exercé, à l'usage immémorial et aux intérêts généraux de l'agriculture et de l'élevage.

Ce règlement indiquera notamment :

Le nombre total des bêtes admises au pâturage, la répartition entre les habitants, le nombre et la qualité des bêtes passées à chaque famille non possédant biens ;

Quelles seront les propriétés soumises au pâturage ;

Si les troupeaux y seront conduits séparément ou par pâtres communs. Dans ce dernier cas, le règlement déterminera le nombre de pâtres, les quartiers qui leur seront affectés, la quantité de bêtes départie à chacun d'eux, leur salaire et la taxe imposée à chaque tête de bétail ; — les précautions à prendre pour leur séparation, l'abreuvoir de chaque troupeau ; — les jours et heures du pâturage ; — les signes indiquant les propriétés non soumises au pâturage ; — l'époque où chaque nature de propriété sera ouverte et fermée au pâturage ; — la marque de chaque troupeau.

Ce règlement sera approuvé par le préfet, affiché et publié avant toute exécution (C. R. 72, 74, 78, 182).

15. Les pâtres communs seront nommés par le maire.

Art. 13, L. 18 juillet 1837.

16. Lorsque le parcours et la vaine pâture s'exercent de commune à commune, c'est le préfet du département qui est chargé d'en faire le règlement sur les bases de l'article précédent. Si les communes dépendent de deux départements différents, ce sera le ministre de l'agriculture.

17. Il sera ouvert, dans chaque commune, un registre des propriétés communales, constatant la nature, la situation, l'étendue, la désignation cadastrale de toutes les propriétés appartenant à la commune ; il y sera inscrit les titres de propriété de chacune, leur origine et les formalités d'affranchissement, de paiement ou autres y relatives.

Ce sera sur ce registre, que seront portées à leur date et par ordre, les déclarations d'abandon, autorisées par l'article 8 du Code rural.

Ce registre sera ouvert, signé et paraphé à chaque page par le sous-préfet de l'arrondissement. Il sera refait lorsque sa vétusté ou l'ancienneté des écritures l'exigera.

CHAPITRE IV. — Des animaux.

§ 1er Battues.

18. Le préfet et le sous-préfet, dans leur ressort, prendront des arrêtés pour les battues et empoisonnement des animaux sauvages, lorsqu'ils le jugeront nécessaire.

Ils indiqueront la circonscription par commune, dans laquelle des battues et empoisonnements seront faits.

Ils nommeront l'agent de l'administration forestière ou rurale qui sera chargé de la direction de l'opération.

Ils désigneront le nombre des personnes. appelées à chaque battue ; ils fixeront les jours et la durée de chaque opération.

Ils prescriront les mesures à prendre dans les communes limitrophes, soit pour que la battue y soit suffisamment annoncée, soit pour qu'il n'en résulte ni dommage ni accident (C. R. 83).

19. Le maire de chacune des communes de la battue désignera les habitants qui seront tenus d'y concourir, de manière à ce que chacun de ceux qui peuvent le faire, y soit employé à son tour.

Ceux des communes limitrophes, prendront toutes les mesures nécessaires pour le succès de l'opération, pour en éviter les dangers.

20. L'agent chargé de la direction de la battue, divisera par groupes tous ceux qui sont appelés à y assister ; il fixera la fonction et la position de chaque groupe ; il lui tracera sa marche, il nommera les chefs de chacun de ces groupes.

Il indiquera dans son rapport quels sont ceux qui ont manqué à l'appel du commencement de l'opération, ceux qui ne l'ont pas suivie jusqu'au bout, et pour quel motif, ceux qui n'ont pas rempli la fonction qui leur avait été prescrite, ou qui n'ont pas obéi aux injonctions faites, ou aux ordres donnés.

L'agent directeur fera connaître dans son rapport, la marche, les détails et les résultats de l'opération, les accidents qui ont pu avoir lieu ; il rendra compte de toutes les mesures prises, de leur exécution. Il veillera à l'enfouissement des bêtes mortes.

21. En cas d'empoisonnement, le préfet ou le sous-préfet prescrira le poison à employer, il désignera le pharmacien chargé de le préparer, l'appât et la forme sous laquelle il sera administré.

Il indiquera les agents qui seront chargés de le répandre, en leur prescrivant les lieux de dépôt, leur distance des habitations, les mesures de précaution à prendre pour le placer, l'heure à laquelle il sera distribué et devra être repris s'il n'a pas été enlevé, les précautions particulières pour éviter l'approche des animaux domestiques (C. R. 85).

22. Les maires des communes dans lesquelles aura lieu l'empoisonnement, sont spécialement chargés de veiller à l'exécution des prescriptions de l'arrêté du préfet. Ils pourront prendre eux-mêmes des arrêtés sur les précau-

tions particulières ou de détail, à prendre suivant les circonstances. Ils prescriront aussi telles mesures que la prudence leur suggérera, sur tout ce qui concerne l'empoisonnement.

23. Le préfet, sur l'avis du conseil général, pourra accorder une prime sur les fonds départementaux, pour les animaux sauvages ou malfaisants autres que ceux indiqués dans l'article 85 du Code rural qui seraient détruits. Il prendra des mesures pour éviter les abus et les dangers.

§ 2. *Epizooties.*

24. En cas d'épizootie, le maire prendra un arrêté, sur le rapport du vétérinaire, pour constater le commencement de la maladie et défendre le pâturage commun (C. R. 108);

Pour suspendre les foires et marchés de bestiaux;

Pour ordonner toutes les mesures de précaution, notamment la visite des boucheries, pour qu'il ne soit pas vendu des animaux malades au point de compromettre la santé publique.

Les maires veilleront spécialement à l'exécution des arrêtés pris par le préfet ou par eux.

25. Le maire de chacune des communes de l'épidémie prendra un arrêté, sur rapport du vétérinaire, pour en constater la cessation et en fixer le jour (C. R. 108).

TITRE II

EXERCICE DU DROIT DE PROPRIÉTÉ RURALE

CHAPITRE I⁰. — Dessèchement, endiguement, étangs.

26. En cas de dessèchement des marais, étangs ou mares, d'endiguement de rivages, de colmatage ou d'établissement d'étang, les maires de chacune des communes de leur situation devront prendre pour les habitants, des arrêtés sur la salubrité publique, sur la sûreté des personnes (C. R. 125, 137, 148).

27. Les frais occasionnés par l'instruction de la demande en dessèchement (C. R. 130), en endiguement (145), en établissement d'étang (131), de défense contre les cours d'eau (160), de prise d'eau publique (164), ou d'établissement d'usines (173), seront réglés et taxés conformément au décret du 10 mai 1854.

28. Dans l'année de la publication du Code rural, il sera fait, à la diligence du préfet de chaque département, par les soins de l'administration des ponts-et-chaussées, un état de tous les étangs privés existant, constatant leur situation, leur étendue, le mode d'amenée et de vidange des eaux, la hauteur d'étiage et des hautes eaux, afin que ces étangs ne puissent recevoir aucune modification, sans la permission de l'autorité (C. R. 148).

CHAPITRE II. — Associations syndicales.

29. Les arrêtés pris par le sous-préfet pour les battues
et empoisonnements des animaux sauvages (C. R. 85), sur
les demandes de voies rurales (187, 199) ou d'associations
syndicales (219), seront approuvées par le préfet ; ils n'auront effet qu'après cette approbation.

30. L'arrêté d'utilité sera accompagné du plan contenant
le tracé du chemin dans tout son parcours (C. R. 188),
ou l'emplacement des travaux syndicaux de l'article 206
du Code rural, avec l'indication précise et la contenance
exacte des parcelles à prendre, et de celles qui doivent
profiter de ces travaux.

Cet arrêté sera affiché dans toutes les communes du
tracé et dans les communes limitrophes. Une copie certifiée
du plan, sera déposée dans la commune des travaux
désignée par l'arrêté.

31. La pétition des propriétaires impétrants sera léga-
lisée par le maire de leur commune ; s'ils ne savent pas
signer, leur adhésion y sera constatée par le maire (189,
216 C. R.).

32. Le préfet et le sous-préfet, pourront demander
l'avis séparé du maire sur la pétition, quand ils le jugeront utile. Cet avis sera joint aux pièces (219 C. R.).

33. Le procès-verbal de la commission d'examen sera
déposé, pendant quinze jours au moins, au secrétariat de
l'une des communes intéressées avec toutes les pièces. Ce

dépôt sera annoncé publiquement dans chaque commune par des affiches et publications. Tous les intéressés portés au tableau de la commission ou dans la demande, pourront en prendre communication sans déplacement, et faire sur le procès-verbal ouvert à cet effet par le maire, leurs dires et observations (219 C. R.).

34. Toutes les pièces resteront déposées à la préfecture ou à la sous-préfecture, suivant la compétence établie ci-dessus. Il sera délivré expédition des pièces nécessaires à la commission et aux maires, du tableau des intéressés.

Le secrétaire du syndicat pourra recevoir une indemnité qui sera fixée par le préfet ou le sous-préfet (223 C. R.).

35. Le secrétaire du syndicat tiendra registre de toutes ses opérations, il les confirmera par sa signature. Le président signera avec lui toutes les délibérations de la commission ou du syndicat. (223 C. R.).

36. Le receveur général du département désignera le percepteur qui sera le trésorier du syndicat. Si le projet embrasse des communes dépendant de deux départements ce sera le ministre des finances (225 C. R.).

Cet agent sera chargé du recouvrement des cotes imposables, au moyen de bulletins indicatifs spéciaux. Ces cotes individuelles pourront être soldées au percepteur, par des bons de prestation en journées d'homme ou d'attelage, délivrés par l'agent surveillant et admis par le président du syndicat, après le délai d'un mois de la publication du rôle, pour faire à la mairie la déclaration d'acquit en journées ou tâches (234 C. R.).

Les sommes dues pour l'entreprise seront payées au moyen de mandats délivrés par le président, visés par

l'agent de surveillance, et approuvés par l'autorité supérieure en sus de cent francs pour chaque article de dépense.

Le percepteur-trésorier du syndicat jouira des remises
établies par un arrêté réglementaire du ministre des
finances (225 C. R.).

37. La cession amiable des terrains sera constatée et
payée comme en matière de chemins vicinaux (226 C. R.).

38. Le préfet ou le sous-préfet nommera, suivant l'importance du projet, l'agent de la grande ou de la petite
voirie chargé du tracé et des devis du projet, de l'exécution
et de la réception des travaux (220 C. R.).

Cet agent recevra, en cas d'exécution, l'indemnité fixée
par le décret du 10 mai 1854.

39. Dans l'année qui suivra la réception des travaux
d'un chemin rural, ou autres travaux syndicaux de nature à figurer au livre terrier, le conservateur du cadastre les portera au plan général, et sur les feuilles de
détail (195 C. R.).

La commune fera placer à l'entrée et à la sortie de chaque chemin communal un poteau indicateur ; elle fera
placer sur leur parcours des bornes kilométriques particulières.

40. Les arrêtés du préfet et du sous-préfet seront susceptibles du recours gracieux au ministre de l'agriculture,
dans le mois de leur publication (233 C. R.).

CHAPITRE III. — Registres et livrets ruraux.

41. Le registre et le livret rural sont en papier blanc, signés, cotés et paraphés par les fonctionnaires désignés en l'article 289 du Code rural.

Ils seront revêtus de leur sceau.

Sur les premiers feuillets sont imprimés les articles 289 à 298, 390 du Code rural et 463 du Code pénal.

Ils sont imprimés d'après le modèle annexé au présent décret. (V. pages 164 et 165).

42. Il est tenu dans chaque commune par le maire ou par le commissaire de police, un registre sur lequel sont relatés, au moment de leur délivrance, les registres de maître, les livrets d'ouvrier rural, les visas y portés.

Ce registre porte la signature des impétrants, ou la mention qu'ils ne savent ou ne peuvent pas signer.

43. Le premier registre ou livret est délivré, sur la constatation de l'identité de l'impétrant, s'il n'est pas connu suffisamment.

A défaut de justification suffisante de cette identité, l'autorité appelée à délivrer le registre ou le livret peut exiger de l'impétrant, une déclaration souscrite sous la sanction du paragraphe 2 de l'article 390 du Code rural, dont il lui est donné lecture.

44. Le registre et le livret qui sont remplis ou mis hors d'usage, sont remplacés par un nouveau, sur lequel sont reportés : 1° la date et le lieu de délivrance de l'ancien ; 2° le nom et la demeure du maître chez lequel l'ou-

vrier rural travaille ou a travaillé eu dernier lieu ; 3° le montant du solde dû par le maître ou des avances faites à l'ouvrier.

Le remplacement est mentionné sur le registre ou le livret hors d'usage, laissé entre les mains du maître ou de l'ouvrier.

45. Le maître ou l'ouvrier qui a perdu son livre, peut en obtenir un nouveau sous les garanties mentionnées en l'article 43.

Le nouveau livre reproduit les mentions indiquées en l'article 44.

46. L'ouvrier est tenu de représenter son livret, à toute réquisition des agents de l'autorité.

47. L'ouvrier doit, avant de quitter son patron, faire inscrire sur son livret l'acquit des engagements.

48. Il sera payé au secrétaire de la mairie et au garde-champêtre, dix centimes par chaque mention portée sur le registre ou sur le livret (291 C. R.).

CHAPITRE IV. — COMICES AGRICOLES.

49. La France est divisée en quatre régions d'agriculture :

Celle du Nord comprendra les départements de...
Celle de l'Est comprendra les départements de...
Celle du Midi comprendra les départements de...
Celle de l'Ouest comprendra les départements de...

Il y aura une cinquième région pour toutes les colonies françaises.

50. L'Empereur nomme les inspecteurs généraux de l'agriculture, sur la présentation du ministre de l'agriculture.

Il y aura un inspecteur et un sous-inspecteur par région, au traitement annuel de 12,000 francs pour le premier, de 10,000 francs pour le second. Ils auront leur résidence, savoir : les inspecteurs généraux à Paris, et les sous-inspecteurs dans la région à laquelle ils seront attachés, au lieu qui leur sera indiqué par le ministre.

Les inspecteurs seront tenus de parcourir la France et les sous-inspecteurs leur région, pendant huit mois de l'année.

Il y aura en outre un inspecteur général et un sous-inspecteur pour les colonies françaises. Leurs traversées sont gratuites (307, 311, 315 C. R.).

51. Les concours régionaux ou d'arrondissement, auront lieu chaque année au mois de mai ou au mois de septembre, dans la ville qui sera déterminée par le ministre de l'agriculture, sur la désigation du conseil général pour chaque région ; par le préfet sur la désignation de la chambre d'agriculture pour chaque arrondissement.

Il pourra être établi un tour de rôle (317 C. R.).

52. Les concours régionaux seront organisés, dirigés et exécutés, par la chambre d'agriculture du département dans lequel ils auront lieu.

Les concours d'arrondissement le seront par le comice agricole de l'arrondissement.

53. La chambre d'agriculture ou le comice agricole, prendront toutes les mesures qui se rapportent :

A l'institution et à la fixation des primes ;

A la classification et à l'admission des produits ;

Aux conditions de cette admission ;

Au choix du local de l'exposition ;

A la disposition de ce local, à sa division ;

A la fixation du prix d'entrée, sous la condition que l'exposition sera gratuite pendant au moins la moitié de sa durée ;

Aux publications et impressions nécessaires ;

A la vérification des produits ou des exploitations agricoles ;

A la distribution des récompenses. Les juges du concours seront pris en dehors de l'arrondissement ou de la région. Pour l'arrondissement, ils seront nommés par le préfet ; pour une région, ils seront désignés par le ministre de l'agriculture.

54. L'autorité administrative et judiciaire seront chargées, chacune en ce qui la concerne:

De la police et de la surveillance de l'exposition ; — de la répression des faits et contraventions qui pourraient s'y commettre.

A cet effet, le préfet pour les concours régionaux, les maires pour les concours d'arrondissement, prendront un arrêté contenant toutes les prescriptions relatives au bon ordre, aux heures d'ouverture et de fermeture, à l'admission du public, à son entrée et à sa sortie, à sa circulation, et à toutes les mesures d'ordre et de police qui leur paraîtront nécessaires pour assurer la tranquillité publique, pour éviter les accidents, pour faciliter la visite de l'exposition.

Les infractions à cet arrêté sont punies des peines de simple police ; les autres faits ou délits de droit commun seront poursuivis devant la juridiction compétente.

CHAPITRE V. — CRÉDIT FONCIER. — STATUTS DE LA SOCIÉTÉ DU CRÉDIT FONCIER. — MODIFICATIONS.

55. Il sera fait une catégorie spéciale des lettres de gage, qui doivent être livrées pour servir de remplois légaux, en exécution de l'article 366 du Code rural.

Ces lettres de gage à long terme seront nominatives aux incapables ; elles porteront un intérêt de quatre francs cinquante centimes pour cent au profit de ces incapables et représenteront le capital de leur remploi. A leur échéance, si le capital ne peut pas être remboursé, les lettres de gage seront échangées contre d'autres de même nature.

56. Les prêts effectués ne pourront être faits qu'en numéraire, à moins que l'emprunteur ne consente à prendre des lettres de gage.

57. La vente des immeubles hypothéqués au crédit foncier, n'est valable que si le prêt par lui fait est payé intégralement par l'acquéreur, ou si la société a consenti à la vente, moyennant la délégation du prix à son profit.

58. Le crédit foncier est obligé de renouveler les inscriptions d'hypothèque tous les dix ans ; il fait l'avance de ces frais, sauf à les répéter contre chaque emprunteur sur la première annuité qui suit le renouvellement.

59. Le procureur impérial ne prendra inscription au nom de la femme de l'emprunteur, qu'après l'avoir consultée et avoir vérifié que ses droits seraient en péril, si elle ne prenait pas inscription.

Si sur son invitation, la femme ne se présente pas, le procureur impérial pourra prendre inscription (¹) (C. R. 341).

60. Toutes les dispositions du décret du 28 juin 1856, qui ne sont pas contraires aux dispositions du Code rural et du présent décret, sont maintenues. (²)

CHAPITRE VI

—

§ 1ᵉʳ. *Des gardes-champêtres.*

61. Les gardes-champêtres et brigadiers seront pris, de préférence, parmi les militaires libérés, ou les anciens militaires, ou les gendarmes ayant plus de quarante-cinq ans d'âge, parmi les gardes-forestiers, parmi les employés de chemin de fer ou de toutes autres administrations soumises à la hiérarchie et à la discipline (C. R. 375).

Les gardes-champêtres sont considérés comme un corps auxiliaire de la gendarmerie.

---

(1). Il serait à désirer qu'une pareille disposition fût étendue au cas de purge des hypothèques légales et d'expropriation, afin que le ministère public veillât utilement à l'intérêt de la femme et de sa famille, au lieu d'agir à l'inconnu, ou de s'abstenir toujours.

(2). Il vaudrait mieux les reprendre, les remanier et les mettre en corrélation avec le Code rural.

Les gardes ou brigadiers pourront rester en fonction jusqu'à l'âge de soixante-cinq ans.

62. Les gardes seront sous la surveillance de leur brigadier et de l'adjudant de police ; les uns et les autres seront sous l'inspection et le commandement des officiers de la gendarmerie (C. R. 377). Ceux-ci feront des rapports particuliers qui seront remis au préfet, pour y être donné telle suite que besoin sera, et réunis ensuite au ministère de l'agriculture.

Les peines à infliger seront celles du décret du 1er mars 1854 sur la gendarmerie ; elles seront appliquées et subies de la même manière, sur une instruction pareille et par la même juridiction (C. R. 580).

63. Lorsque les gendarmes et les gardes-champêtres concourront à une même opération, les gardes seront sous la direction des gendarmes à égalité de grade, mais les uns et les autres obéiront au grade le plus élevé.

Les gardes ne pourront être requis que par les officiers de la gendarmerie, ou par les autorités judiciaires et administratives compétentes.

64. Le costume de tenue des gardes-champêtres est : — képi vert-pré avec cocarde retenue par deux torsades d'argent ; — blouse bleu de Prusse, à collet et parements jaunes ; — pantalon vert-pré à liséré jaune sur la couture ; — ceinturon en cuir verni, avec plaque en cuivre, indiquant le numéro de la brigade et du département ; — giberne en cuir noir ; — souliers noirs et guêtres blanches ; — bandoulière en cuir noir avec plaque en cuivre portant ces mots : GARDE (ou BRIGADIER) champêtre, le nom de la commune (ou du canton pour

le brigadier), et le numéro du garde ; — carabine à canon rayé ; — sabre court à poignée de cuivre, et fourreau en cuir noir.

Les brigadiers auront en outre : un liséré d'argent au képi, un double collet et deux galons jaunes sur le bras.

65. Les adjudants sous-officiers porteront la tunique bleue, l'épaulette en argent à droite, un double liséré d'argent au képi, l'épée et l'écharpe tricolore.

66. Ils seront pourvus de leur habillement et fourniment sur leur solde, conformément aux règles établies pour la gendarmerie.

67. Le carnet de tournée des gardes et brigadiers portera sur la première page : les nom, prénoms, âge, lieu de naissance et de domicile, signalement, matricule, antécédents militaires et signes particuliers de chacun d'eux.

Il sera imprimé sur les pages suivantes : 1° la formule de leur serment ; 2° les articles 374 à 388 inclusivement du Code rural ; 3° les articles 61 à 75 inclusivement du présent décret ; 4° un modèle de procès-verbal.

Les autres pages seront paraphées par l'adjudant. Elles contiendront jour par jour, sans rature non approuvée ni blanc, l'indication des tournées faites par chaque garde, de chaque fait qui aura donné lieu soit à un procès-verbal, soit à une injonction officielle, soit à une notification verbale ou écrite.

Les carnets de gardes seront visés une fois par semaine par le brigadier ; ceux des brigadiers seront visés une fois par semaine par l'adjudant ; les uns et les autres une fois par mois par l'officier de gendarmerie.

68. Les brigadiers veilleront, à ce que chaque garde

fasse une tournée quotidienne de jour ou de nuit, dans une partie de sa commune, qu'il dresse procès-verbal de tous les faits ruraux qui s'y commettent, qu'il obéisse aux ordres des autorités.

Les brigadiers prendront les mesures nécessaires pour s'assurer que la surveillance de chaque garde est continue, active et efficace.

69. Les brigadiers champêtres devront être chargés d'une commune au centre de leur brigade, autant que possible.

Les adjudants auront leur résidence au chef-lieu du canton. Ils seront chargés de la surveillance des gardes et brigadiers, ainsi que de la police judiciaire ; ils n'auront pas de territoire à surveiller.

70. Les maires et adjudants de police seront tenus de faire connaître immédiatement au juge de paix du canton, tous les faits qui donneront lieu à un procès-verbal, afin que ce magistrat puisse agir, s'il y a lieu, et au besoin, instruire d'urgence sur les faits dénoncés.

71. Il sera accordé une gratification, aux gardes et gendarmes rédacteurs de procès-verbaux, sur tous les délits et contraventions suivis de condamnation ; cette gratification sera égale au cinquième du montant de l'amende principale, sans qu'elle puisse dépasser trente francs par procès-verbal. Ces gratifications seront réglées et payées sur état, à la fin de chaque année, par le receveur qui aura enregistré la condamnation.

72. Les gardes-champêtres et brigadiers seront payés deux tiers par les communes, un sixième par le département et un sixième par l'État.

Le traitement sera avancé par l'État, qui se recouvrera sur le département et sur la commune.

Les communes seront chargées du logement des gardes et brigadiers.

Le traitement des gardes est de cinq cents francs par an, celui du brigadier de huit cents, celui des adjudants, de quinze cents, dix-huit cents et deux mille francs, suivant leur classe.

73. La retraite des gardes et brigadiers champêtres, sera réglée et liquidée comme celle des gendarmes et payée par l'État.

74. La loi du 28 germinal an VI et le décret du 1er mars 1854 sur la gendarmerie, sont applicables au corps des gardes de la police rurale, en tout ce qui n'est pas contraire au présent.

§ 2. *Procès-verbaux.*

75. Les procès-verbaux de police rurale seront imprimés sur papier de l'État, remplis par les rédacteurs, et enregistrés gratis dans les quatre jours de l'affirmation (C. R. 382).

TITRE III

—

ENSEIGNEMENT RURAL.

76. Il y aura, dans chaque école normale, une chaire d'agriculture.

Cet enseignement comprendra la culture des champs, la

taille et le traitement des arbres, au point de vue théorique et pratique, l'étude élémentaire du droit rural.

Chaque instituteur sera tenu, de donner aux élèves sachant lire et écrire, des notions d'agriculture et de droit rural.

Le ministre de l'instruction publique est chargé, de pourvoir à l'enseignement rural élémentaire, dans les diverses écoles primaires de l'empire.

MODÈLE Nº 1.

Dimension du registre : hautr 0m 20c, largr 0m 15c, couverture cartonnée bleue.

Registre de propriétaire ou de maître. Prix : 0 fr. 30 centimes.
(Art. 41, D. R., p. 154).

Département de Arrondissement de Commune de	**Premier feuillet.** A obtenu le présent registre contenant quatorze feuillets cotés et paraphés par premier et dernier.
Série Nº Profession de le 187 Nom Prénoms Demeure	à la charge par (1) de se conformer aux lois et règlements. Le présent registre destiné à servir de livre de compte avec (2)
Domicile Age	(1) Nom du propriétaire ou maître. (2) Nom de l'ouvrier, fermier ou employé.

(Voir l'annotation ci-contre).

MODÈLE N° 2.

Dimension du livret : haut^r 0^m 16^c, larg^r 0^m 11^c, couverture cartonnée rouge.

Livret d'ouvrier rural. Prix : 0 fr. 25 centimes.

(Art. 41, D. R., p. 154).

Département de Arrondissement de Commune de	**Premier feuillet.** A obtenu le présent livret conte- nant quatorze feuillets cotés et para- phés par première et dernière sur (1)
Série N° Profession de	à la charge de se conformer aux lois et règlements.
le 187 Signalement : nom Age ans prénoms Taille **1** mètre Cheveux Sourcils né à Front départ. de Yeux Nez demourant à Bouche Barbe ruo Menton n° Visage Teint a justifié de Signes particul. son identité.	Le porteur est (2) occupé en qua- lité de chez (3) Signature de l'ouvrier ou indica- tion qu'il ne sait pas signer. Le Maire, Sceau. (1) Indiquer les pièces produites. (2) On a été. (3) Nom du maître ou propriétaire

Nota. — Les quatorze feuillets doivent être paginés et signés par premier et dernier.

Le dernier portera au bas la mention imprimée suivante :

Le présent livret (ou registre) rempli et hors d'usage a été remplacé par un nouveau portant le numéro   par nous, maire de la commune de

Département de

          Le Maire,
          (Signature).

Sceau.

TABLE

ALPHABÉTIQUE ET CONCORDANTE DES ARTICLES
DU PROJET DE CODE RURAL.

Le chiffre romain indique les paragraphes de l'Introduction. — Les chiffres arabes indiquent les articles du Projet. — D. R. Décret règlementaire ou d'exécution.